Jürgen Schneider

(Alb)traum Gastgewerbe?

Schneider, Jürgen
(Alb)traum Gastgewerbe?

RHÄTIKON VERLAG
Layout: Michael Konzett
Bindung: Buchbinderei Konzett, Bludenz
Printed in Austria
ISBN 978-3-901607-44-8

Weitere Informationen unter:
www.rhaetikon-verlag.at
www.jobsintourism.at

Jürgen Schneider

(Alb)traum Gastgewerbe?

Ein Ratgeber für Führungskräfte
und solche, die es werden wollen.

RHÄTIKON VERLAG

Um die Lesbarkeit dieses Buches zu verbessern, wurde darauf verzichtet, neben der männlichen auch die weibliche Form anzuführen, die gedanklich selbstverständlich immer mit einzubeziehen ist.

Inhalt

Kapitel 18

Zum Autor

Nach 5-jähriger Ausbildung in einer höheren Lehranstalt für Tourismusberufe maturierte Jürgen Schneider 1991 und verbrachte seine ersten Jahre damit, die verschiedenen Abteilungen (Küche, Service, Rezeption) kennen zu lernen. Es folgten zahlreiche Saisonanstellungen in diesen Abteilungen.

Weitere berufliche Stationen:

- 1996-2000: Direktor eines ****Hotels
- 1999: Abschluss eines 4-semestrigen Universitätslehrgangs für Marketing
- 2000-2005: Gründung einer Mitarbeitervermittlungs- und -schulungsfirma für den Bereich Tourismus (2 Innovationspreise, über 2000 Vorstellungsgespräche im Zeitraum von 5 Jahren sowie unzählige Vermittlungen vom mittleren bis ins höhere Management im Tourismus)
- 2000-2004: Ausbildung zum Diplompädagogen und erfolgreiche Lehramtsprüfung 2005.
- Heute 2012: 2-facher Familienvater, verheiratet, hauptberuflich an einer Berufsschule für das Gastgewerbe, daneben zahlreiche Schulungen, vorwiegend in Form von Einzelcoachings für Führungskräfte und Jungunternehmer im Bereich Tourismus.
- 2010 führte er gemeinsam mit 2 Fachkollegen seine Mannschaft zum Sieg im Teambewerb bei den österreichischen Staatsmeisterschaften für Berufe im Gastgewerbe.
- 2012: Gründung einer Internetplattform zur Bewertung der Arbeitsbedingungen in Gastgewerbebetrieben.

Hinweis an die Leser: Die in diesem Buch verwendete Umgangssprache ist dem Niveau im Gastgewerbe angepasst. Sollten Sie die ersten Seiten lesen ohne dass Ihnen die Lust vergeht - Willkommen im Club - Willkommen in der Welt des Gastgewerbes. Willkommen in der Branche der Niveaulosigkeit und der Selbstüberschätzung! Willkommen aber auch in einer Branche die voller Möglichkeiten und Potentiale steckt.

Kapitel 1

Warum dieses Buch entstanden ist?

Mein Name ist Jürgen Schneider. Ich bin Jahrgang 1970 und von Beruf würde ich mich als Touristiker bezeichnen. Ich bin ein reiner Branchenspezialist.
Die Motivation dieses Buch zu schreiben kam von innen. Niemand hat mich dazu gebeten, keiner hat mich dafür bezahlt.
Meine Vision: „Ich möchte einen nachhaltigen Beitrag zur Verbesserung der Arbeitsbedingungen im Tourismus leisten und unserer Branche zu neuem Ansehen verhelfen." Dieser Vision ordne ich alles unter, was ich in meinem Berufsleben leiste.
Wenn Sie nun vermuten, dass dieses Buch nun sehr theoretisch ausfallen wird, haben Sie sich getäuscht. Diese Bedenken sind unbegründet, da es mir bei der Erstellung dieses Buches ein großes Anliegen war, Theorie und Praxis zu verbinden. Das Buch soll lehrreich sein, also einen theoretischen Einblick mit klaren, einfachen Beispielen, in verschiedene Abteilungen von Gastgewerbebetrieben geben und gleichzeitig auf viele Missstände in unserer Branche aufmerksam machen.

„Theorie ohne Praxis ist langweilig,
Praxis ohne Theorie einfach nur dumm."

Wer zuerst die Praxis lernt, sollte nicht vergessen den Theoriebereich nachzulernen um nicht nach einigen Jahren bereits gewaltig ins Hintertreffen zu geraten. Vielleicht wissen Sie es noch nicht, aber Ihren Marktwert bestimmen Sie selbst und sonst niemand. Durch den Besuch von zahlreichen Weiterbildungen steigern Sie auch automatisch Ihren Wert am Arbeitsmarkt. Ein Lehrabschluss allein genügt heuteschon lange nicht mehr, um in die Führungsetagen vorzustoßen.

Sie kennen es doch alle. Das Klischee der praxisfremden Praktikanten aus irgendwelchen Tourismusschulen. Ich kann mich noch genau an mein erstes Praktikum als 15-jähriger erinnern. Der Chefkoch gab mir zu verstehen, dass ich weit unter dem Wert eines Lehrlings einzustufen wäre und dass ich im Prinzip sowieso nichts könne. In meiner Wut versicherte ich ihm damals, dass er sich bereits in wenigen Jahren bei mir vorstellen würde, dann wäre ich der Chef und er der Mitarbeiter. Wie es das Schicksal so will, traf diese Prophezeihung Jahre später tatsächlich ein. Während er immer noch als mittelmäßiger Koch herumdokterte, hatte ich mich weiterentwickelt und eine Stelle als Geschäftsführer in einem ****Hotel inne.
Also, ich bitte Sie liebe Leser - vergessen Sie bei Durchsicht dieses Buches Ihre Vorurteile. Sie machen Sie blind für Neues und starr für Veränderungen.

Merken Sie sich den folgenden Satz:

Bleiben Sie geistig beweglich!

Ob Sie als Leser nun der Chef oder ein Mitarbeiter sind ist egal. Der oben stehende Satz soll Sie beim Lesen dieses Buches stets begleiten.
Neben jenen Menschen, welche über einen praktischen Background verfügen, gibt es jedoch auch noch die andere Spezies. Es sind jene, die über einen höheren akademischen Grad, einen Dr., Master oder vielleicht sogar, ich weiß nicht was, verfügen.
Nur allzu oft überschätzen sich diese Menschen und glauben der Weisheit letzter Schluss zu sein. Sollten diese Personen glauben sich gut genug in diesem Metier auszukennen, müssen sie dies nur noch in klar mess- und beobachtbaren Ergebnissen beweisen, z.B. ein florierendes Tourismusunternehmen besitzen, Hotelmanager sein, der von den Gästen ebenso geliebt wird wie von seinen Mitarbeitern, nicht zu vergessen noch den Ehepartner oder Freund.
Vielleicht sind Sie auch ein aufstrebender Jungmanager, der glaubt die Weisheit mit den Löffeln gefressen zu haben, alles in diesem Buch beschriebene bereits zu wissen scheint, und alles mit der Brechstange

erreichen möchte. Sie kennen ja das Sprichwort: „Hochmut kommt vor dem Fall.“ Wäre ich ebenfalls mit Vorurteilen vorbelastet, könnte ich behaupten, dass Leute die die Basis nicht kennen, d.h. nie die sogenannte Drecksarbeit erledigen mussten, keinen, nennen wir es einmal „Drive“ haben und ihnen jeder Bezug zu ihrem Umfeld fehlt, welches sich bildungsmäßig meist weit unter deren Niveau bewegt. Sie werden in dieser Branche nie die Anerkennung finden, die sie suchen und als theoretische Erbsenzähler und Bleistiftspitzer abgestempelt.
Es wird schon irgendeinen Grund gehabt haben, dass Sie zu diesem Buch gegriffen haben, und sei es nur der provokante Titel.
Nun möchte ich Ihnen aber die Gründe nennen, warum ich dieses Buch veröffentliche.
Ein Grund ist jener, dass die Anzahl der Dilettanten und Dummköpfe, die in Form von sogenannten Führungskräften in unserer Branche tätig sind, ein Ausmaß annimmt, welches mich veranlasst nicht länger in Schweigen gehüllt zu sein. Ich meine damit Hoteldirektoren, Geschäftsführer von Gastronomiekonzepten, aber auch Service- und Küchenchefs welche ja zweifellos auch zum mittleren Management gehören.

Ich habe dieser zunehmenden Verdummung unserer Branche, der Verseuchung einer jahrtausendealten Tradition der Gastfreundschaft, den Kampf angesagt. Schluss mit selbst ernannten Gastrogurus, Führungskräften, die keine Vorbilder sind, bocklosen Unternehmensnachfolgern die den elterlichen Betrieb übernehmen mussten, besoffenen, kiffenden Küchenchefs und nach alten Socken stinkenden Oberkellnern. Ich habe die Nase restlos voll von solchen Leuten.
Ich kann auch der ständigen Schönmalerei im Gastgewerbe nichts mehr abgewinnen. Wir lügen uns täglich selber in den Sack, sagen wie zukunftsfähig und kreativ unser Berufsfeld sei und übersehen dabei wichtige Warnsignale.

Ein paar Fakten aus der Branche:

- Weniger als 5 % der Gastgewerbler gehen in ihrem erlernten Beruf in Pension.
- Mindestens 50 % aller Gastgewerbelehrlinge wechseln innerhalb von 5 Jahren ihren Beruf.
- Ein großer Teil aller Obdachlosen oder gesellschaftlich Gestrandeten kommen aus unserem Berufsfeld.

Diese Fakten belasten mich persönlich außerordentlich, sodass ich mir vorgenommen habe, mein gesamtes berufliches Leben darauf auszurichten, diesen Trends entgegen zu wirken.
Gerade kürzlich war ich im wunderschönen Kärnten auf einem Lehrlingswettbewerb und beim Abendservice fiel mir sofort der großartig agierende Servicemitarbeiter auf. Es handelte sich dabei um einen attraktiven „Mittfünfziger" und mir gefiel seine Art und Weise, wie er die Dienstleistung verrichtete. Ich würde mir mehr solche erfahrenen Personen in unserer Branche wünschen. Leute, die nicht das dienen verlernt haben, weil sie wohlstandsmäßig vollgefressen sind und sich lieber bedienen lassen. Wünschen würde ich mir auch die Flexibilität vieler Arbeitgeber welche alternden Personen einen würdigen Jobrahmen zur Verfügung stellten. Neue Arbeitszeitmodelle mit verringerten Stundenleistungen wären da nur ein Ansatz.

Ich kann es fast nicht mehr ertragen, wenn gewisse Leute die Branche so darstellen, als ob alles in bester Ordnung wäre. Jeder dahergelaufene Versager glaubt doch, dass er, wenn er sonst überall beruflich gescheitert ist, im Gastgewerbe leicht unterkommt und dort noch eine steile Karriere machen kann. So stellt es eine traurige Tatsache dar, dass genau jene Leute einen der unzähligen „Schnellsiedekurse" bei irgendwelchen Anbietern absolvieren und dann auf Chefs und Gäste losgelassen werden. Mir wird dabei echt übel.
Obwohl ahnungslos glücklich, werden manche dann sogar noch selbstständig, eröffnen eigene Gasthäuser, Bars und ähnliche Konzepte. Da muss man sich wirklich nicht wundern, dass das Ergebnis absoluter

Mist ist. Auch im Fernsehen laufen Sendungen, die die Gründungsphasen verschiedenster „Lebenskünstler" begleiten und den Eindruck vermitteln, dass beinahe jeder ein Gasthaus, eine Bar oder gar einen Beherbergungsbetrieb eröffnen könne. Auch das ist ein absoluter Schwachsinn und weitab von der Wirklichkeit.

Nochmals in aller Klarheit. Verlierer haben wir genug in unserer Branche. Wir brauchen nicht noch zusätzliche zum Einstieg zu motivieren. Wir sollten uns eher darauf konzentrieren vernünftige Mitarbeiter und Führungskräfte in unserem Berufsfeld zu halten und diesen die Kompetenzen und Rahmenbedingungen zur Verfügung zu stellen, die sie benötigen.

Ein normal funktionierender Mensch müsste sich nun die Frage stellen, warum so viele Menschen dem Gastgewerbe dann wieder den Rücken zukehren. Auch dieser Frage möchte ich in diesem Buch auf den Grund gehen. Was ich ganz vergessen habe. Was ist wenn der/die Leser/in dieses Buches ein einfacher Schüler oder vielleicht Lehrling in einem der wunderbaren, zukunftsfähigen und sehr abwechslungsreichen und überaus gut bezahlten, leider etwas in Verruf geratenen Berufe im Gastgewerbe ist? Lieber Schüler, lieber Lehrling - eines sei Ihnen gesagt: „Nehmen Sie sich nur die wenigen guten Vorgesetzten als Vorbilder, alles was Sie vom Rest lernen können ist saufen, bumsen, herumhuren, Geld verprassen und Party machen, wenn Sie das nicht eh schon können." Soweit zumindest ein Zitat eines Arbeitgebers, der nicht namentlich genannt werden möchte. Wie das kleine Dorf in Gallien bei Asterix und Obelix, so gibt es jedoch auch im Gastgewerbe eine kleine, stetig wachsende Zahl an Führungskräften, welche ihre Aufgabe richtig verstanden haben. Diese kritische Masse, sagen wir einmal 30 %, halten unsere Branche finanziell, aber auch moralisch gesehen über Wasser und repräsentieren unserer Land in aller Welt als angesehene Tourismusdestination mit hohem Qualitätsanspruch und Dienstleistungsniveau. Diesen Führungskräften, welchen ich übrigens meine Hochachtung aussprechen möchte, widme ich dieses Buch. Es sind jene Führungskräfte, die Wert auf die gute Ausbildung ihrer Lehrlinge legen, die neben Produktkenntnissen auch über die Softskills wie Einfühlungsvermögen, Courage und Idealismus verfügen. Stetig ihrer Verantwortung gegenüber der nachrückenden Generation bewusst, stetig in der Funktion des Vorbilds, was teilweise mühsam aber lohnenswert ist.

Ein weiterer Grund warum ich Ihnen dieses Buch nahe lege, ist der Umstand, dass viele Standardwerke zwar fachlich richtig und korrekt formuliert sind, jedoch vielen Lesern zu kompliziert geschrieben sind. Sie wissen es vielleicht noch nicht, aber Gastgewerbler befinden sich bildungsmäßig und vom IQ her oft unter der Zimmertemperatur. Ich meine das nicht so böse wie es vielleicht klingt, aber, wie ich schon betont habe, immer mehr Menschen, die sonst keine beruflichen Chancen haben, benutzen den Sprung in unsere Branche um einen weiteren kläglichen Versuch zu unternehmen ihre berufliche und soziale Unfähigkeit unter Beweis zu stellen. Treffen nun solche Menschen auf Chefleute die ebenfalls plan- und niveaulos sind, kommt genau die Situation raus, die wir in vielen Betrieben derzeit vorfinden.

Dieses Buch soll einen Überblick über die Probleme, mit denen das Gastgewerbe zu kämpfen hat, geben. Es soll aber auch Chancen aufzeigen, wie diesen Herausforderungen Herr zu werden ist. Auf einfache Art und Weise, aber völlig schonungslos, möchte ich Sie mitnehmen in die verschiedensten Abteilungen eines Gastgewerbebetriebes. Das Buch soll Ihnen auch Antworten zu den Themen Kostenrechnung/Kalkulation und Mitarbeiterführung geben. Mein Anliegen war es, ein Buch zu schreiben in dem die Leser ihr Fachwissen erweitern und zudem meine Einschätzung der derzeitigen Situation im Gastgewerbe erfahren können.

Während meiner bisherigen Laufbahn im Tourismus habe ich etwas gelernt. Komplexe und komplizierte Dinge auf einfachste Weise darzustellen und diese den Zuhörern oder Lesern zugänglich zu machen. Vertrauen Sie mir und blättern Sie auch nicht weiter, wenn es in späteren Kapiteln um Zahlen und Controlling geht. Nachdem scheinbar einige Autoren erkannt haben, dass sie genau das hinschreiben was die Leserinnen und Leser hören wollen, habe ich mich für einen anderen Weg entschieden. Ich schreibe in diesem Buch meine ehrlichen

Ansichten. Ob das jemandem passt oder nicht ist mir eigentlich egal. Dabei möchte ich meinem minimalistischen Prinzip treu bleiben und die verschiedenen Themen so einfach wie möglich betrachten und Ihnen mögliche Lösungsansätze anbieten.

Natürlich gibt es 100 verschiedene Wege um Probleme, oder nennen wir sie Herausforderungen, zu lösen. Ich begnüge mich in diesem Buch mit wenigen, für Sie praktisch anwendbaren Möglichkeiten. Es nervt mich immer wieder, wenn ich Fachseminare besuche und die Referenten laden dann ein, um selbst Lösungsansätze zu finden. Ich denke, dass die meisten Leute ja deswegen ihr Geld für Seminare oder Fachbücher ausgeben, damit ihnen jemand sagt was richtig und was falsch ist. Ich bleibe auch diesem Grundsatz treu und sage Ihnen klipp und klar was für mich richtig oder falsch ist. Wenn Sie ab und zu anderer Ansicht sind - macht nichts - ich beschreibe in diesem Buch ja ausschließlich meine Sicht der Dinge. Solange Ihre Ansichten ethisch, rechnerisch und auch moralisch in einem würdigen Rahmen bleiben, soll es mir recht sein, wenn Sie anders denken.

Mit ein Grund für die Entstehung dieses Buches ist auch die Tatsache, dass ich in diesen Zeilen endlich das aussprechen kann, was ich in meiner Funktion als Lehrender niemals oder nur sehr vorsichtig sagen darf. Vielleicht klingen meine Ausführungen auf den folgenden Seiten zeitweise hart. Ich kann Ihnen aber versichern, dass ich jeden Menschen der vor mir steht mit all seinen Stärken und Schwächen achte und respektiere. In jedem Menschen steckt ja bekannterweise etwas Einzigartiges. Manchmal muss man nur sehr lange danach suchen.
Dieses Buch ist übrigens sowohl für Unternehmer als auch für Führungskräfte und Mitarbeiter aus dem Bereich Tourismus geeignet. Es soll als Mahnung dienen sein eigenes Verhalten stets zu reflektieren und notfalls zu korrigieren, kurzum, geistig beweglich zu bleiben.

Ihre geistige Beweglichkeit können Sie auch unter Beweis stellen, wenn im Buch plötzlich die Perspektiven wechseln. Sie werden sich zeitweise in die Situation des Mitarbeiters hineinversetzen und dann auch ein-

mal in die der Führungskraft. Diesen absichtlichen Perspektivenwechsel, der des Öfteren im Buch stattfindet, habe ich deswegen gewählt, um ein Verständnis für die jeweilige Situation des Gegenübers zu entwickeln (Arbeitgeber-Arbeitnehmer).
Den Buchtitel „(Alb)traum Gastgewerbe" habe ich deswegen gewählt, da das Arbeiten in unserer Branche meiner Meinung nach eine stetige Gratwanderung zwischen Traum und Albtraum ist. Ich möchte den Titel nicht so verstanden wissen, dass alle Arbeitgeber inkompetent und unfair agieren und so Schuld an der Misere sind. Nein, auch die zunehmende Anspruchsmentalität und eine fehlende Belastbarkeit mancher Mitarbeiter (wenig arbeiten, wenig Know-how aber viel verdienen wollen) trägt zur derzeitigen Situation bei.
Unerhört finde ich auch, dass es anscheinend kaum mehr möglich ist, qualifizierte Arbeitskräfte aus der jeweiligen Region zu akquirieren und Jobvermittlungsinstitutionen hunderte oder tausende Kilometer entfernt nach potentiellen Mitarbeitern Ausschau halten müssen. Da müssten doch irgendwann die Alarmglocken klingeln und Arbeitgeber müssen sich die Frage stellen, warum das so ist. Glaubt man verschiedenen Studien, zählt das Gastgewerbe ja zweifellos zu den Hoffnungsbranchen, da entgegen anderer Entwicklungen am Arbeitsmarkt, Stellen in der Gastronomie und Hotellerie garantiert im Land bleiben und nicht ins Ausland verlagert werden können.

Sollte dieses Buch ein Branchenfremder in die Hand bekommen, werden wir ihn mit ziemlicher Sicherheit nicht zum Einstieg in die Branche bewegen können, wenn schon, hat dieser alles in diesem Buch geschriebene zu 100 % verstanden und ist voll motiviert, die daraus gewonnenen Erkenntnisse auch in die Praxis umzusetzen.

Kapitel 2

Bildungsstand und Niveau der Führungskräfte im Gastgewerbe

Ursachenforschung, oder was die Grundeinstellung eines Menschen mit der Arbeitsleistung zu tun hat.

Es ärgert mich persönlich immer wieder, wie arrogant und bildungsresistent viele Führungskräfte aus dem Gastgewerbe auf mich wirken. Es scheint fast so, als hätte man ihnen eine Schluckimpfung verabreicht, welche jegliche Weiterentwicklung als Führungskraft verhindert. Führungskräfte sollten neben Fachkenntnissen noch über soziale Fähigkeiten sowie Managementkompetenz verfügen. Das haben Sie sicher schon 1000-mal gehört.

Schauen wir in den Küchenbereich. Ein Küchenchef sollte also nicht nur kochen können. In sein Aufgabengebiet fällt die komplette Gestaltung des Speisenangebots und die Produktauswahl- und -kalkulation sowie die Mitarbeiterführung- und -motivation. Damit man sich auch Führungskraft nennen darf, sollte man also alle Anforderungen welche an eine solche gestellt werden, abdecken. Das entscheidende Problem unserer Branche ist, dass dies ist in den meisten Fällen aber nicht der Fall ist.
Fazit: Diese Mitarbeiter erhalten zwar Gehälter des mittleren Managements, verfügen aber nicht über die Fähigkeiten, die sie zu einer solchen bemächtigen. Folglich sind diese Mitarbeiter überbezahlt.

Es ist sicherlich nicht gelogen, wenn ich sage, dass ich keine Branche auf der Welt kenne, in der so unprofessionell gearbeitet wird wie in der unseren. Mir fällt auch keine Branche ein, in der ich es mit so wenig Bildung so weit bringen könnte. Dabei spreche ich selbstverständlich

nicht von Großkonzernen die weltweit operieren sondern von ganz gewöhnlichen Klein- und Mittelbetrieben, die oft familiär geführt werden.
Sich weiter bilden heißt für mich nicht nur fachliche Bildung, sondern auch seine eigene Persönlichkeit weiter zu entwickeln. Die ist bei vielen Führungskräften jedoch verkümmert.
Regelmäßig kommen motivierte Mitarbeiter aus dem Küchenbereich zu Einzelcoachings zu mir. Eines meiner Coachingmodule nenne ich provokant „Vom Koch zum Küchenmanager". Auf die Frage hin, was diese Führungskräfte bei mir lernen können, antworte ich immer auf dieselbe Art: „Sie lernen alles bei mir was Sie in Ihrer Funktion als Führungskraft benötigen, außer Kochen."
Respekt bringe ich auch jenen Personen entgegen, die mich anrufen um ihre Defizite im Bereich Kostenrechnung und Kalkulation zu verbessern. Die, die zu mir kommen, gehören, ohne dass sie es wissen, zu den vorhin beschriebenen 30 %. Sie wissen es vielleicht noch nicht, aber wir brauchen solche Leute in unserer Branche. Allein die Einsicht nicht alles zu können bzw. es bis dato falsch zu machen, macht diese Menschen zu etwas Besonderem.
Vor allem im Bereich der Kostenrechnung verfügen sehr viele Führungskräfte über zu wenig Know-how. Die Tatsache, dass von 10 Köchen die sich selbständig machen, mehr als die Hälfte den Betrieb nach einigen Jahren wieder zusperren, kommt sicherlich nicht von ungefähr. Heutzutage genügt es nicht mehr mit einer netten Idee und guten Koch- oder Servierkenntnissen ein Unternehmenskonzept umzusetzen.
In der heutigen Zeit kann fehlendes Wissen ohne Mühe und mit recht geringem Aufwand von diversen Beratungsunternehmen zugekauft werden. Es gibt interessante Förderungen der jeweiligen Interessensvertretungen in den einzelnen Ländern. Besonders in der Startphase macht dies Sinn. Viele starten ihr Unternehmen ohne realistisch die Umsätze einzuschätzen, ganz zu Schweigen von den Kosten, die in den letzten Jahren explodiert sind. Lege ich ihnen dann einen detaillierten Budgetplan mit realistischen Umsatz- und Kostenszenarien vor, machen die meisten große Augen.

Fazit dieses Kapitels:

Viele Führungskräfte sind operativ zu stark ins Tagesgeschäft eingebunden und vergessen dabei unternehmensrelevante Entscheidungen (z.B. im Bereich Marketing) zu treffen. Viele Vorgesetzte unserer Branche haben keineswegs einen Mangel an Fachwissen, sondern einen katastrophalen Mangel an sozialem Engagement, Managementkompetenz und Kostensensibilität. Natürlich muss sich ein Unternehmer mit eigenem Hotel oder Gastronomiebetrieb noch besser in diesen Bereichen auskennen als ein Chef des Service. Dennoch, auch bei diesem Klientel klemmt es da ganz gewaltig.

Kapitel 3

Was bedeutet „Kostenrechnung" eigentlich?

Wie der Name schon sagt. Es bedeutet mit den Kosten zu rechnen! Wer die Kosten seines Betriebes nicht kennt, für den ist es unmöglich eine sinnvolle Kalkulation zu machen. Fazit: Jeder Betrieb hat seine eigene Kostenstruktur. Eine Würstelbude kann logischerweise günstiger anbieten als ein neu eröffnetes Restaurant mit mehreren Hunderttausend Euros an Investition.
Ein Serviceleiter bzw. ein Küchenchef ist im Normalfall auch für die Kalkulation der Speisen bzw. Getränke zuständig. Ohne die Informationen seitens der Geschäftsführung, was die aktuellen Zahlen und Kosten anlangt, kann dies aber nicht funktionieren. Hier kommt schon wieder ein Vorwurf meinerseits: „Die meisten Chefs kennen ihre genaue Kostenstruktur gar nicht und müssen zuerst zum Steuerberater rennen, weil sie keine Ahnung von ihren Zahlen haben. Ein Armutszeugnis für einen Chef, finden Sie nicht?"
Wenn Sie nun Unternehmer sind und behaupten, dass das oben Geschriebene nicht stimmt, dann beantworten Sie doch folgende Fragen:

- Wissen Sie wie viel Deckungsbeitrag Sie heute in Ihrem Betrieb erwirtschaftet haben? (Sie wissen nicht mehr so genau was ein Deckungsbeitrag ist?)
- Wissen Sie wie viel Personalkosten inklusive Lohnnebenkosten heute in Ihrem Betrieb angefallen sind? (Sie wissen nicht mehr so genau wie man das rechnet oder schlimmer noch, Sie haben es nie gewusst?)
- Wissen Sie wie viel Umsatz Sie benötigen um Ihre täglichen Fixkosten abdecken zu können?

Zumindest über eines sind sich die meisten Unternehmer einig. Die beiden größten Kostenpositionen in einem Gastgewerbebetrieb sind einerseits die Personal- und andererseits die Materialkosten (Wareneinsatz). Das ist ja schon mal was. Prima! In den Kapiteln 5-9 zeige ich Ihnen, was Sie mit den Daten der Kostenrechnung sonst noch so alles anstellen können!

Starten ohne Plan

Ein wichtiger Bestandteil jedes Unternehmenskonzepts ist die Budgetierung. Wenn jemand sein Unternehmen neu startet macht es Sinn, verschiedene Szenarien gegenüber zu stellen (z.B. Umsatz im schlechtesten Fall, Umsatz im besten Fall usw.). Die einzige Unbekannte bei der Gründung eines Unternehmens ist die Umsatzkomponente. Alle anderen Kostenpositionen eines Budgets können im Voraus durch Erfahrungswerte bzw. Kennzahlen ermittelt werden.

Zurück zur Umsatzkomponente - woher sollte ein angehender Unternehmer oder eine neue Führungskraft also wissen, wie viele Gäste bei uns ein und aus gehen. Dies ist natürlich stark vom Standort des Unternehmens abhängig. Hochfrequenz-Standorte (z.B. in Einkaufszentren oder in der Nähe von touristischen Attraktionen) locken logischerweise mehr Gäste in ein Lokal als Standorte mit geringer Gästefrequenz. Entscheiden Sie sich für einen Standort, weit ab vom Schuss, müssen Sie qualitativ schon auf sehr sicheren Beinen stehen, damit die Gäste Sie registrieren. Natürlich spielt bei der Standortauswahl auch die Einzigartigkeit der Location eine entscheidende Rolle. Verfügt der Unternehmer also über einen unverwechselbares Lokal (z.B. ein angehender Jungunternehmer zeigte mir ein ehemaliges Glashaus mit vielen exotischen Pflanzen und Vögeln), macht dies die Sache natürlich um einiges leichter.

Übrigens - auch der durchschnittliche Konsum eines Gastes kann in gewisser Weise durch Ihre Angebotsgestaltung gesteuert werden. Sind die Gründungskosten eines Unternehmens samt Investment beispiels-

weise sehr hoch, genügt es wahrscheinlich nicht mit einer Snackkarte den Versuch zu starten die Investitionen innerhalb einer angemessenen Zeit zu amortisieren.
Viel einfacher gestaltet sich die Budgetierung bei bereits bestehenden Betrieben. Hier gibt es Vergleichswerte vom Vorjahr (Umsatz, Personalkosten, Wareneinsätze, andere Kosten...). Sollten Sie einen Betrieb als Pächter oder Käufer übernehmen, werfen Sie unbedingt einen Blick in die Gewinn- und Verlustrechnungen der Vorjahre bzw. auch in die Bilanzen.

Beispiel für die Umsatzbudgetierung eines neuen Speiselokals
(30 Offenhaltungstage, ca. 60 Sitzplätze - siehe nächste Seite)

Ratsam ist auch, den Servicemitarbeitern diese Umsatzpläne zu zeigen, damit er weiß, wie viel Umsatz ein Gast mittags oder abends mindestens bringen sollte. Durch Zusatzverkäufe könnte es einer versierten Servicefachkraft sicherlich gelingen, den Pro-Kopf-Umsatz um € 1,-- bis € 3,-- zu steigern und somit seinen Teil zu einem besseren Betriebsergebnis beizutragen. Die in der Abbildung der nächsten Seite stehenden Zahlen sind brutto, d.h. die Umsatzsteuer ist noch heraus zu rechnen.

	pessimistisch	realistisch	optimistisch
	40 Gäste/Abend	50 Gäste/Abend	60 Gäste/Abend
Abend			
Ø Couverts/Monat	1.200	1.500	1.800
Ø Konsumation Speisen	15,--	15,--	15,--
Ø Konsumation Getränke	4,50	4,50	4,50
geplante Speisenerlöse	18.000,--	22.500,--	27.000,--
geplante Getränkeerlöse	5.400,--	6.750,--	8.100,--
Verpflegungserlöse gesamt	23.400,--	29.250,--	35.100,--
	20 Gäste/Mittag	30 Gäste/Mittag	40 Gäste/Mittag
Mittag			
Ø Couverts/Monat	600	900	1.200
Ø Konsumation Speisen	9,--	9,--	9,--
Ø Konsumation Getränke	3,50	3,50	3,50
geplante Speisenerlöse	5.400,--	8.100,--	10.800,--
geplante Getränkeerlöse	2.100,--	3.150,--	4.200,--
Verpflegungserlöse gesamt	7.500,--	11.250,--	15.000,--
Speisenerlöse gesamt	23.400,--	30.600,--	37.800,--
Getränkeerlöse gesamt	7.500,--	9.900,--	12.300,--
Verpflegungserlöse gesamt	30.900,--	40.500,--	50.100,--

(* Grafik in Euro)

Kapitel 4

Die beiden größten Kostenpositionen in einem Gastgewerbebetrieb

a) Die Mitarbeiter

Mitarbeiterknappheit, gratis Überstunden, Mitarbeiterinkompetenz, enorm hohe Mitarbeiterkosten oder... die Ironie, dass das, was am meisten im Betrieb kostet, leider auch die größten Sorgen bereitet!

Die derzeitige Mitarbeitersituation in den meisten Tourismusbetrieben könnte man, würde man sie mit einer Krankheit vergleichen, als chronische Bronchitis bezeichnen. Man ist meist chronisch unterbesetzt und ab und zu hustet man. Das ist dann der Fall, wenn Leute ausfallen. Da gute Mitarbeiter rar sind, fährt die Geschäftsführung von Vornherein mit einem absoluten Minimum an Mitarbeitern. Problematisch wird die Situation spätestens dann, wenn ein oder zwei Leute ausfallen. Dann wird es richtig eng. Kein Wunder, dass Stammmitarbeiter und an sich motivierte Crewmitglieder nach einiger Zeit das sinkende Schiff verlassen. Wer hat schon Lust ständig Überstunden zu leisten, die meist unbezahlt bleiben, ganz zu schweigen mit einem Aufschlag von 50 % ausbezahlt oder zeitlich abgegolten werden. Viele Mitarbeiter sind bis zu einem gewissen Grad bereit dem Unternehmen durch Mehrarbeit, die meist auch Hand in Hand mit einer überkollektivlichen Entlohnung geht, zu unterstützen.
Sie sind jedoch kein Wohltätigkeitsunternehmen, welches ehrenamtlich Lebenszeit zur Verfügung stellt. Genau hier kommt wieder die Arroganz und Skrupellosigkeit vieler Unternehmer zum Tragen, die es fast als unverschämt betrachten, wenn ein Mitarbeiter seine Überstunden einfordert. „Im Gastgewerbe ist das halt so“, so die Aussage vieler.

Mein Kommentar dazu: „Es ist einfach nicht so.“ Nur damit Sie das wissen. Ich kann diesen selbstgefälligen Spruch nicht mehr hören! Das Thema „Überstunden“ sollte bereits beim Vorstellungsgespräch klar besprochen werden. Irgendwann wird es sowieso zum Thema, dumm wenn es erst bei der Kündigung soweit ist.

Ursachenforschung:
Das Problem beginnt bereits beim Tourismusnachwuchs

Ein Beispiel aus dem Alltag eines Lehrlings:

Kurt ist Lehrling im 2. Lehrjahr und ein richtiges Schlitzohr. Er zählt sicher nicht zu den verlässlichsten Schülern, hat aber einen gewissen Grundanstand sowie genügend Hausverstand um zu erkennen, was richtig oder falsch ist. Deprimiert kommt er zu mir und zeigt mir einen Brief der Chefin. Kurz zusammengefasst steht im Brief, dass der Lehrling an verschiedenen Wochenenden während dem 8-wöchigen Berufsschullehrgang im Betrieb zu erscheinen habe um bei diversen Veranstaltungen mitzuhelfen und das in einer Tonalität die einem normal funktionierenden Menschen wie mir die Sprache verschlägt.

Man bräuchte wirklich eine Schaufel um sich auf dieses niedrige Niveau hinunter graben zu können. Mit der größten Selbstverständlichkeit werden hier seitens der Chefitäten die Gesetze ignoriert. Meistens wissen diese Schlaumeier eigentlich schon, dass die Berufsschulzeit als Arbeitszeit gilt. Schließlich rackern die Schüler, zumindest in Vorarlberg, 48 Unterrichtseinheiten/Woche und das 8 Wochen lang in einer lehrgangsmäßig geführten Berufsschule, was didaktisch gesehen eigentlich völliger Blödsinn ist. Gerade gegen Mitte des Lehrgangs häufen sich Tests und Schularbeiten und so mancher Schüler gerät mächtig unter Druck. Wird der Lehrling dann zum Arbeiten gezwungen, wirkt sich dies oft verheerend auf die Noten aus, da das Lernen für die Schularbeit nicht oder zu spät stattfindet.

Natürlich sollte es für einen Mitarbeiter selbstverständlich sein, seinem Chef in Notsituationen zur Seite zu stehen. Was mich dabei ärgert ist die Willkür, mit denen Lehrlinge zur Arbeit genötigt werden. Eine angemessene Entlohnung für die geleisteten Überstunden gibt es nur in den seltensten Fällen. Wie es dann mit der Einstellung des Lehrlings zum Betrieb oder seiner Motivation bestellt ist? Dreimal dürfen Sie raten! Übrigens, nicht nur Lehrlinge klagen über solche Praktiken der Chefleute, sondern auch unzählige ausgelernte Mitarbeiter erleben ähnliche Situationen in denen sie zur Arbeit oder zu Überstunden regelrecht genötigt werden.
Reden wir seitens der Berufsschule dann mit den Chefs, stoßen wir auf völliges Unverständnis. Der Mitarbeiter hat sich dies und das geleistet und wird deshalb so behandelt, heißt es dann. Natürlich sind die Lehrlinge keine Unschuldslämmer und ihre Leistung und Verlässlichkeit lässt oft stark zu wünschen übrig - dennoch „Gesetz bleibt Gesetz“. Anhand dieses Beispiels möchte ich Ihnen nur einen Grund aufzeigen, der viele Mitarbeiter zum Ausstieg aus der Branche bewegt. Diese Aussteiger gehen lieber im Schichtbetrieb Tortellini verpacken, als noch 1 Tag länger unter derart desaströsen Umständen zu arbeiten. Eine Aussage einer Mutter lautete:

„Ich wollte, dass mein Kind etwas Anständiges lernt und nicht Koch oder Kellner wird.“

Gibt Ihnen diese Aussage nicht ordentlich zu denken?
Was versteht diese, zugegebener Weise, scheinbar etwas einfach strukturierte Mutter, unter ordentlicher Arbeit. Ich sage es Ihnen jetzt:

1. Normale Arbeitszeiten (nicht 6 x die Woche 12 Stunden oder 2 Wochen durcharbeiten)
2. Normale Arbeitskollegen und Freunde (nicht saufende, bocklose, kiffende, ungepflegte Partytiger)
3. Normale Chefleute (nicht unmotivierte, ungebildete, größenwahnsinnige, sich selbst überschätzende Individuen)
4. Normale Entlohnung (nicht 60 Stunden Gratisarbeit pro Monat)

Alles also normal. Normal ist das Gegenteil von Unanständig. Was die Mitarbeiter an und für sich betrifft, habe ich diesen „lediglich" deren fragwürdige Arbeitseinstellung vorzuwerfen. Im Rahmen meiner Arbeit habe ich Kontakt mit hunderten Tourismusnachwuchskräften. Wenn der 2-monatige Berufsschullehrgang, welcher von den Lehrlingen ein Mal pro Jahr besucht wird, vorbei ist, weiß ich immer genau in welches Lokal ich niemals essen gehen werde.

An und für sich müsste man voraussetzen, dass der junge Mensch mit einem gewissen Maß an Vorwissen und Anstand, sogenannten kulturellen Fähigkeiten, zu uns an die Schule kommt. Da das Elternhaus hier teilweise in der Erziehung vieles verabsäumt hat (bitte, danke, Entschuldigung usw. fehlt im Wortschatz), liegt es nun an uns diese „Jungen Wilden" zu zähmen. Ich schiebe bewusst die Schuld auf die Eltern, da diese schließlich die Hauptverantwortung für die geistige und soziale Entwicklung ihrer Sprösslinge tragen. Jemandem, der sein eigenes Leben jedoch in keinster Weise im Griff hat, wird es auch schwer fallen, gewisse Grundeinstellungen, Fertigkeiten und Fähigkeiten an seine Kinder weiterzugeben.

Vergleicht man die Leistungen der Schüler stellt man folgendes fest:

- Es gibt eine kleine Prozentzahl von Schülern, die leistungsfähig- und -willig sind.
- Es gibt eine hohe Anzahl von Schülern, die sich bildungsmäßig im Mittelfeld bewegen.
- Es gibt eine steigende Anzahl von Schülern, die sich bildungsmäßig und kommunikativ auf unterstem Niveau bewegen.

Es ist zwischenzeitlich kein Geheimnis mehr, dass sich die Klientel der Berufsschüler deutlich nach unten verschoben hat. Leute, die früher eine Lehre machten, sitzen jetzt in Tourismusschulen und die Hilfsarbeiter von früher oft in unseren Klassen. Die Schüler von Tourismusschulen wechseln entweder nach einer kurzen Zeit in eine andere Berufssparte oder übernehmen die lukrativen Jobs im mittleren und höheren Management.

Die geringe Anzahl von leistungsfähigen Schülern in den Berufsschulen macht nach der Lehre die Berufsreifeprüfung und geht ihren Weg. Meist verlassen jedoch auch diese Mitarbeiter nach einiger Zeit die Branche. Was übrig bleibt ist das restliche Klientel. Diese übernehmen einige Jahre später, obwohl sozial und geistig ungeeignet, Positionen im mittleren Management (Küchenchef und Serviceleitung) oder gründen schlimmstenfalls eigene Unternehmen. Nun ist der Teufelskreis wieder geschlossen und wir befinden uns im eingangs dieses Buches erwähnten Dilemma.

Die traurige Wahrheit:

Es ist nicht mehr selbstverständlich, dass ...

- jemand ohne Alkoholfahne zum Dienst kommt,
- jemand ohne massiven Schweißgeruch zum Dienst erscheint,
- jemand mit frisch gebügelter Bluse an der Rezeption steht,
- jemand täglich seine Socken austauscht und seinen Fußschweiß bekämpft,
- jemand gut ausgeschlafen zum Dienst erscheint,
- jemand jemals gelernt hat auf angemessene Kritik richtig zu reagieren,
- jemand kapiert, dass nicht immer alles Spaß machen kann,
- jemand einen Wunsch/Bitte ordentlich formulieren kann,
- jemand Kritik so anbringt, dass diese nicht abwertend und persönlich ist,
- jemand nicht eingeraucht zur Arbeit erscheint,
- jemand verlässlich und pünktlich ist,
- jemand an der Rezeption auch nur annähernd die deutsche Rechtschreibung beherrscht,
- jemand zumindest ein Grundverständnis für die Zahlen von 1-100 hat,
- jemand seine schön hergerichtete Betriebsunterkunft sauber und in tadellosem Zustand hält.

Oft hausen die Mitarbeiter in ihren Unterkünften wie die Schweine im Stall und zu Saisonende erleben die Unternehmer beim Betreten des Zimmers ihr blaues Wunder. Auch dies stellt leider eine traurige Tatsache dar.
Würden manche Gäste einmal einen Blick in eine der unzähligen Küchen werfen, würden sie so manches ausgezehrtes und ausgemergeltes Gesicht entdecken. Eine Party, die schon in der Ausbildung losging und immer noch anhält, geht nun mal nicht spurlos an einem vorbei. Schauen Sie mal in die Gesichter.

Manchmal frage ich mich, warum ich als Gast Geld dafür bezahlen muss, dass solche, auf mich unappetitlich wirkende Menschen, mein Essen zubereiten.

Eine markante Selbstüberschätzung vieler Mitarbeiter sorgt dann für weiteren Unmut. Die Chefitäten sind schnell als Schuldige identifiziert. Das eigene Versagen, die eigene Unzuverlässigkeit treten dabei in den Hintergrund.

Alleskönner aber Nix-Wisser!

Folglich ist es auch nicht mehr selbstverständlich, dass Chefleute vor solchen Mitarbeitern Respekt haben.
Würden manche Chefleute beispielsweise kurze Eignungstests mit möglichen Bewerbungskandidaten machen, würden wahrscheinlich wesentlich weniger in der Branche arbeiten. Da die Chefleute oft selbst sehr fragwürdige Gestalten sind, stellen sie auch nichts anderes ein. Klar, ein Koch muss keine wissenschaftliche Arbeit aufsetzen können und ein Restaurantfachmann auch nicht. Eine Rezeptionistin sollte jedoch zumindest die 10-Finger-Technik am PC können bzw. der deutschen Rechtschreibung mächtig sein.
Frage ich manche Schüler (z.B. Hotel- und Gastgewerbe-Lehrlinge) was der Grund für ihre desaströse Rechtschreibung sei antworten viele: „Ich habe den ärztlichen Befund einer Legasthenie“, was für die ganz ungebildeten Leser soviel wie „Rechtschreibschwäche“ heißt. Aber wie

um alles in der Welt kommt ein Mensch mit Legasthenie dazu sich um einen Job an der Rezeption zu bewerben, wo er hunderte Briefe pro Monat abschickt. Gut, wenn jemand sadomasochistisch angehaucht wäre, verstünde ich diese Entscheidung, ansonsten nicht. Jetzt kommen wieder die Eltern zum Tragen, die ihren Kindern oft einreden, dass alles im Leben möglich sei. Sie haben anscheinend für schlechte oder mittelmäßige Leistungen aus falsch interpretierter Liebe zum Kind zu viel Lob erteilt. Das Problem bei der Sache ist, dass ein Mensch sich ausschließlich durch wohlwollende Kritik weiterentwickeln kann. Ohne diesen Leuten die Hoffnung nehmen zu wollen.

„Es ist nicht alles möglich“, nur damit ich es einmal für Sie hingeschrieben habe.

Für meine Funktion als Lehrer bedeutet dies: „Wir müssen mit den Schülern arbeiten und Ergebnisse erzielen, die bei uns im Klassenzimmer sitzen. D.h. oft müssen wir Basiskenntnisse vermitteln, die längst bekannt sein müssten. Dennoch ist es unsere Verpflichtung für die Schüler das maximale Ergebnis rauszuholen, damit er/sie in der harten Berufswelt des Gastgewerbes bestehen kann. Genauso wie Führungskräfte müssen Lehrende Vorbilder sein und mit viel Idealismus ans Werk gehen. Viele Erfolge bestätigen mir, dass dies der richtige Weg ist. Junge Menschen sind weder dümmer noch frecher als früher. Sie haben lediglich das Problem, dass sie von überall her komplett „zugemüllt“ werden. Vor lauter Überangebot an Freizeitmöglichkeiten wird es für sie immer schwerer, sich auf eine Aufgabe zu konzentrieren. Wir als Lehrkräfte müssen vermitteln, dass das Leben nicht nur aus Spaß besteht, sondern Erfolg ausschließlich durch beinharte Arbeit erzielt werden kann und dazu benötigen die Menschen gewisse Fertigkeiten (Ausnahme: Erben oder Lottogewinner).

<u>Eine kurze Geschichte zum Thema „Spaßgesellschaft“:</u>
Eine meiner Schülerinnen war lernschwach und stand in meinem Fach auf Nicht Genügend. Kurz darauf rief mich ihre Mutter an und meinte: „Sie müssen das meiner Tochter eben so beibringen, dass es ihr Spaß

macht. „Immer wenn es ihr Spaß macht, strengt sie sich an!" Ich hatte nachher meine Mühe dieser Frau klar zu machen, dass nicht alles im Leben immer Spaß machen kann. Lernen macht manchmal Spaß (hängt natürlich auch vom Lehrer ab), manchmal aber ist lernen beinharte auswendig Lernerei und Paukerei. Nachdem ich diese besorgte Mutter dann gefragt hatte, ob ihr das frühe Aufstehen vor Arbeitsbeginn denn Spaß mache, verneinte sie. „Warum tun Sie es denn trotzdem?", war meine 2. Frage. „Ich muss ja schließlich Geld verdienen", antwortete diese. Eben!

Hätte die Frau jetzt auf stur geschaltet, hätte sie mir als einfachen Lehrer an einer Berufsschule sicherlich Probleme machen können. Genau hier liegt das Problem vieler Kollegen. Sie trauen sich nicht ihre ehrliche Meinung zu sagen, weil sie sonst in Schwierigkeiten geraten. Wir dürfen nicht sagen, dass die Schüler beruflich falsch eingesetzt werden oder ungeeignet für den Beruf sind, wir sollten nicht sagen, dass es uns schwer fällt mit verhaltensoriginellen Schülern zu arbeiten, wir dürfen auch nicht sagen, dass die Chefitäten manchmal primitive Idioten sind.
So können wir der heutigen „Spaßgesellschaft" wenig entgegensetzen, denn lernen und arbeiten macht ja, wie oben erwähnt, leider auch nicht immer Spaß.

Viele junge Menschen, auch im Gastgewerbe, glauben an einen perfekten Job, mit perfekter Bezahlung, perfekten Aufgabenbereichen und optimalen Arbeitsbedingungen. Ich habe vor einigen Jahren einen 20-jährigen Koch kennengelernt - der wartete doch tatsächlich 1 ½ Jahre auf seinen Traumjob und war danach immer noch arbeitslos.
Das Problem bei der Sache ist - es gibt ihn nicht, den perfekten Job.

Kleiner Tipp für besonders Hartnäckige:
Versuchen Sie es im Europapark. Da haben Sie immer Spaß.
Aber auch hier gibt es ein Problem. Sie müssen Eintritt bezahlen.

Für ganz Langsame:

Jetzt müssten Sie allmählich verstanden haben, dass man durch Arbeiten Geld verdient und nicht Geld zahlen muss. Folglich müsste Ihnen nun klar werden, dass Sie sich dort mit so mancher Tätigkeit herumschlagen müssen die Ihnen wahrscheinlich nicht gefallen wird. Das ist eigentlich der Haken an der Sache, der Deal! Hat es jetzt Klick gemacht bei Ihnen? Immer noch nicht? Wenn nicht, dann schmeißen Sie jetzt dieses Buch weg. Sie sind nicht meine Zielgruppe.

Nachdem jungen Menschen der Spaßgedanke beinahe in die Wiege gelegt wurde, fällt es natürlich dementsprechend schwer, sich an die neue Arbeitswelt im Gastgewerbe zu gewöhnen. Wenn man schon keinen Spaß bei der Arbeit hat, dann eben danach. So leben tausende Mitarbeiter aus dem Gastgewerbe über Jahre hinweg weit über ihren Verhältnissen, sparen keinen einzigen Cent und nach 10 oder 20 Jahren wundern sie sich dann, wenn aus ihnen fertige Typen geworden sind, die einem ausgebrannt und gezeichnet gegenüber sitzen.

Auch hier ein kleiner Tipp am Rande:

Wenn Sie nun wissen, dass Sie in einer Branche gelandet sind, die bei Gott kein Zuckerschlecken ist, dann müsste ihnen doch ihr, hoffentlich vorhandener, Hausverstand sagen, dass Sie Ihr Freizeitverhalten an die hohen beruflichen Ansprüche anpassen sollten.
Der junge Mensch neigt dazu, gewisse Verhaltensweisen nachzuahmen. Besonders beliebt sind da Führungskräfte. Wenn also die unmittelbaren Vorgesetzten einen bedenklichen Lebensstil führen. Woran soll sich der Nachwuchs dann orientieren? Beantworten Sie doch mal für sich diese Frage!

Nachdem ich nun beschrieben habe, welche Sorgen mir die Einstellung vieler Mitarbeiter bereitet, möchte ich nun einige Berechnungen anstellen. Die Personalkosten verschlingen ja den Löwenanteil des mühsam erwirtschafteten Umsatzes.

Enorme Mitarbeiterkosten für Mitarbeiter,
die oft ihre Leistung nicht bringen.

Haben Sie zum Beispiel gewusst, dass ein Mitarbeiter welcher ca. € 1.200,-- netto verdient, was ja nun wirklich ein bescheidenes Gehalt darstellt, inklusive aller Lohnnebenkosten pro Jahr ca. € 31.000,-- kostet? Würde man Krankenstandtage, Fehlzeiten und Urlaubstage noch hinzurechnen wäre der Betrag um einiges höher. Auf den Monat gerechnet sind dies ca. € 2.580,--. Wenn man nun von einer 45 Stunden-Woche ausgeht, wären dies Lohnkosten in Höhe von € 13,20 pro Stunde. Pro Minute sind das dann Lohnkosten in Höhe von € 0,22. D.h. 10 Minuten Zwiebel schälen kosten den Unternehmer ca. € 2,20. Zehn Minuten nichts tun, ebenfalls.
Ein Krankenstandtag kostet den Unternehmer im Schnitt € 110,--. Ein ungerechtfertigter Krankenstand tut da natürlich doppelt weh. Als Unternehmer kann man sich das dann so vorstellen: „Sie nehmen € 110,-- und gehen damit auf die Toilette, dann lassen Sie die Scheine langsam ins WC fallen und betätigen dann vorsichtig die Spülung. Weg ist es.
Wen wundert es also, wenn Mitarbeiter mit vielen Krankenstandtagen plötzlich die Kündigung bekommen, egal ob gerechtfertigter und ungerechtfertigter Krankenstand. Es ist einfach nicht leistbar.
Da die Mitarbeiterkosten ja meist fixe Kostenbestandteile darstellen, kommt eine weitere Eigenart unserer Branche zum Tragen. Es ist unmöglich manche Tage im Voraus zu planen. Zu viele Faktoren wie Wetter, Veranstaltungen in der Nähe, Konkurrenzbetriebe usw. machen jeglicher Planung oft einen Strich durch die Rechnung. Extreme Stoßzeiten wechseln sich ab mit Zeiten in denen sich überhaupt nichts abspielt. Die Kostenlawine „Personalkosten" rattert erbarmungslos weiter. So wird jede Stehzeit zur Geduldsprobe für Mitarbeiter und Unternehmer. Angenommen, es ist Feiertag und ein unglaublich seltener Fall im Gastgewerbe tritt ein. Der Mitarbeiter erhält, wie gesetzlich vorgeschrieben, einen Feiertagszuschlag von 100 %. Abgesehen davon, dass dies unwahrscheinlich wäre, würde das bedeuten, dass an diesem Tag die Gesamtkosten für alle an diesem Tag beschäftigten Mitarbeiter doppelt so hoch wären.

Das Dilemma:

Würde mich ein Gastronom oder Hotelier fragen wie er sich nun verhalten sollte, ohne die Mitarbeiter betrügen zu müssen, müsste ich ihm raten an jedem Feiertag zuzusperren, da es unmöglich ist an einem solchen Tag einen Gewinn zu erzielen. Wenn jemand offen lässt, dann wegen vollem Hause während der Saison oder den dringend notwendigen Deckungsbeiträgen zur Deckung der Fixkosten.
Die höheren Kosten auf die Gäste umzuwälzen ist schier unmöglich, da ich die Gesichter der Gäste sehen möchte, wenn das Cola am Feiertag plötzlich € 3,20 kostet statt bisher € 2,40. Andererseits verziehen genau diese Personen keine Miene, wenn die Rohrleitung am Wochenende verstopft ist und irgendein Klempner einen Stundensatz von € 75,-- verrechnet. Nicht immer ist es also der Unternehmer, der aus reiner Habgier seine Mitarbeiter um deren gesetzliche Ansprüche bringt. Es ist vielmehr die Tatsache, dass es für ehrliche Unternehmer manchmal einfach nichts zu verdienen gibt.
In beinahe jeder anderen Branche werden Aufschläge für Dienstleistungen an Sonn- und Feiertagen dem Kunden weiterverrechnet, nicht so in der unseren. (Mehr zur Berechnung der exakten Mitarbeiterkosten erfahren Sie im Kapitel „Mitarbeiterkosten berechnen“)
Die Mitarbeiterkosten verschlingen derzeit, je nach Betriebskonzept, zwischen 20 % und 40 % des Umsatzes. Ein Hotel Garni, welches mit einem Minimum an Mitarbeitern arbeitet, hat logischerweise die geringsten Mitarbeiterkosten wogegen ein traditionelles Gasthaus/Restaurant eher schon zwischen 30 % und 45 %, wenn nicht sogar darüber liegt.
Das bedeutet, dass von € 1.000,-- Umsatz (Netto) bereits 400,-- an die Mitarbeiter fließt (bei 40 % Personalkosten).

b) Der Wareneinsatz

Die zweite Mega-Kostenposition neben den Personalkosten ist der Wareneinsatz der angebotenen Speisen und Getränke. Wie Sie an der Länge dieses Unterpunktes erkennen können, sind die Wareneinsätze zwar ein enorm hoher Kostenpunkt, machen jedoch bei Weitem nicht soviel Arbeit wie die Mitarbeiter(kosten). Der Wareneinsatz kann durch intelligente Menüplanung und kontinuierliches Controlling im überschaubaren Rahmen bleiben. Der Wareneinsatz (Materialaufwand für Speisen oder Getränke) beträgt je nach Betriebskonzept zwischen 20 % und 35 % des Umsatzes (Netto). Grundsätzlich gilt die Regel. Je getränkelastiger ein Konzept ist (z.B. Bar) desto niedriger fällt der %-Wareneinsatz aus. Je niedriger der Wareneinsatz, desto besser. Die Ironie bei dieser Sache ist jene, dass Unternehmer welche Wert auf die Verwendung von hochwertigen Rohstoffen (z.B. Bioprodukte aus der Gegend) legen, durch einen im Schnitt höheren Wareneinsatz gestraft werden. Oft können die höheren Materialkosten nicht vollends durch einen höheren Verkaufspreis kompensiert werden.

Wenn man bedenkt, dass man mit Produkten mit einem geringen Wareneinsatz und verhältnismäßig niedrigem Verkaufspreis manchmal mehr Ertrag erzielen kann als mit teuren Produkten, müsste diese Tatsache eigentlich zum Nachdenken animieren.
Auch ohne fundierte Kalkulationskenntnisse kann man mit dem Wareneinsatz eine Reihe interessanter Berechnungen anstellen:
Besonders einfach ist die Berechnung des Wareneinsatzes für einen Hotelbetrieb mit Halbpensionsarrangement.

Ein Beispiel:

Angenommen ein Hotel hatte in dieser Saison 10.000 Nächtigungen zu verbuchen. Der gesamte Einkauf im Küchenbereich betrug € 152.000,-- Wie viel wurde dann pro Gast an einem Tag verkocht?

Dividiert man also den Gesamtkücheneinkauf durch die Nächtigungen erhält man die Zahl € 15,20. Damit sind das Frühstück und z.B. ein 4-gängiges Abendmenü abgedeckt.
Wollte man die € 15,20 um einen Euro pro Nächtigung auf € 14,20 reduzieren, könnte man mit einer Ersparnis von € 10.000,-- rechnen. Eine unglaublich hohe Summe.

Um dies zu erreichen ist es notwendig die Küchenmitarbeiter auf die Kosten zu sensibilisieren. Das könnte so funktionieren:
Es müsste gewisse Vorgaben geben, wie viel pro Mahlzeit oder Gang üblicherweise „verkocht", besser gesagt eingekauft (= Wareneinsatz) werden darf.

Ein Beispiel:

Frühstück:	€ 3,50 (oder mehr, je nach Angebot)
Vorspeise:	€ 2,--
Suppe:	€ 1,--
Salat:	€ 1,50
Hauptspeise:	€ 5,--
Dessert:	€ 2,--
GESAMT:	€ 15,--

Übrigens:

Die oben stehenden Beträge sind immer Nettobeträge. Die Umsatzsteuer spielt bei der Wareneinsatzberechnung keine Rolle, da diese ja in späterer Folge auf den Verkaufspreis der Speisen und Getränke bzw. den Arrangementpreis (Nächtigungspreis) aufgeschlagen wird. Vergessen wie man von Brutto auf Netto rechnet? Ich erkläre es Ihnen später :-)

Alles was der Küchenchef an dieser Stelle machen müsste, ist, dass er sich für jedes Gericht ein genaues Rezept und somit den Wareneinsatz der benötigten Produkte heraus rechnet. Wenn man nun die Kosten kennt, die für die Herstellung eines Produktes anfallen, kann man nun mit der Menüzusammenstellung beginnen. Dabei muss man nicht einmal kalkulieren können, denn Verkaufspreise gilt es ja keine zu ermitteln (Halbpension). Macht der Küchenchef nun seine Wochenmenüplanung muss ihm klar sein, dass er sehr wohl einmal einen Hauptgang (z.B. Kalbsrückensteak) mit sehr hohem Wareneinsatz anbieten kann. Er wird jedoch den über den Budgetrahmen hinausgehenden Betrag (z.B. Hauptgang kostet statt der veranschlagten € 5,00 dann € 6,30) eine Vorspeise mit niedrigerem Wareneinsatz als budgetiert anbieten. Funktioniert das am selben Tag nicht, wird er schlauerweise in den Folgetagen Menüs kreieren, die einen niedrigeren Wareneinsatz aufweisen.

Durch diese einfache Berechnung lässt sich unglaublich viel Geld einsparen. Dabei wird die Kreativität des Kochs in keinster Weise eingeschränkt. Schafft es der Koch mangels Rechenkenntnissen nicht, die exakten Wareneinsätze zu ermitteln (z.B. weil er nicht einmal in der Lage ist, vom Kilopreis auf Gramm oder von Litern auf Zentiliter herunter zu rechnen), dann muss diese Arbeit eben von der Geschäftsführung oder vom Chef erledigt werden.
Wäre ich der Chef, würde ich sofort das Lohnniveau des Mitarbeiters heruntersetzen, da er anscheinend sein Geld nicht ganz wert ist. Eine weitere, intelligentere Möglichkeit wäre, die Führungskraft auf eine der zahlreichen Kalkulationsseminare zu schicken. Übrigens: Die zur Verfügungstellung einer Kalkulationssoftware bringt hier enorme Zeitersparnis. Hier erledigt das Programm das mühsame herunter rechnen auf die eingegebenen Mengen.

Ein Beispiel aus der Praxis:

Nachdem wir nach der oben dargestellten Methode den Wareneinsatz/Nächtigung eines ****Betriebes ermittelt hatten, und dieser viel zu hoch war, hatte ich die glorreiche Idee, den Küchenchef am Wareneinsatz zu beteiligen. Dieser verkochte bis dato unglaubliche € 18,20 pro Gast und pro Tag. Die neue Vorgabe lautete: Maximal € 14,00. Gesagt, getan. Nachdem der kluge Mann den Braten gerochen hatte und bemerkte, dass eine satte Prämie nach Saisonende winkte, begann er sich bei seiner Menüplanung auf Geflügel zu spezialisieren. So gab es dann mindestens 3 x in der Woche entweder Hühner-, Puten- oder Entenfleisch, was ja bekannterweise einen recht niederen Wareneinsatz hat. Während er die Saison zuvor noch mit Rindsmedaillons, Kalbsrückensteaks und Hummer aufwertete, waren die Gäste in dieser

Saison natürlich enttäuscht und reklamierten haufenweise. Obwohl die Kennzahl zu Saisonende erreicht wurde und sich der Betrieb somit tausende Euros „eingespart“ hatte, war das Ergebnis nicht zu 100 % zufriedenstellend. Der Koch kassierte zwar seine Prämie, die Gästereklamationen hatten sich jedoch dramatisch vermehrt. Es gab einen Verlierer in diesem Spiel: Der Gast.

Aus Fehlern lernt man ja bekannterweise, also habe ich mir Gedanken gemacht, wie ein modernes, wirtschaftliches und dennoch vernünftiges Belohnungs- und Beteiligungsmodell ausschauen könnte. Im Kapitel „Mitarbeiterbeteiligungs- und -belohnungssysteme“ erfahren Sie mehr darüber.

Stichwort „Convenience Produkte“ (= Fertig- oder Halbfertigprodukte)

Oft nehmen Unternehmer einen höheren Wareneinsatz in Kauf, wenn sie damit eine Senkung ihrer Personalkosten erreichen. Auch hier ist der Frust gegenüber unqualifizierten und unverlässlichen Mitarbeitern deutlich spürbar. Immer mehr Anbieter von Fertigprodukten drängen auf den Markt. Durch den Einsatz solcher Produkte werden Fachkräfte größtenteils substituiert. Man spart sich Arbeitskräfte und Arbeitsgänge ein und gibt lieber mehr Geld für den Einkauf aus. Ob diese Entwicklung hilfreich für die Branche ist, überlasse ich Ihnen zu beurteilen. Wie immer ergeben sich jedoch sowohl Vor- als auch Nachteile.

Wenn es in unserer Branche um Convenience-Produkte geht, trennen sich Mitarbeiter- und Management in zwei Lager. Die einen sehen im Zukauf von Fertigprodukten die Befreiung aus der Sklaverei der Mitarbeiter. Endlich kann der Mitarbeiterstamm, welcher nach einhelliger Meinung nur Probleme macht, reduziert werden. Zudem werden die angebotenen Produkte zunehmend besser. Längst gehört die Fischpanzerplatte zur Vergangenheit. Die Produzenten werden immer innovativer und ehrlich gesagt sind gute Fertigprodukte oft besser als mittelmäßige Produkte, zubereitet von irgendeinem bocklosen „Suppenkoch". Die anderen sehen im Aufkommen der Convenience-Schiene den Untergang der Kochkultur. Sie lehnen den Zukauf von solchen Waren ab und produzieren auf Teufel komm raus alles selbst. Das geht hin bis zur Selbstzerstörung bzw. hunderten anfallenden Überstunden die von den Unternehmern nur in den seltensten Fällen abgegolten werden. Ich habe Sie anfangs dieses Buches darum gebeten geistig beweglich zu bleiben. In diesem Kapitel können Sie dies beweisen.

Einmal ehrlich. Verwenden Sie nicht still und heimlich schon längst einige solcher Produkte? Angefangen von den zugekauften Kartoffelkroketten welche Sie zugegebenerweise, längst nicht mehr in einer solchen Qualität und Form produzieren könnten, wie diese in TK-Form angeboten werden bis hin zu den Pommes frites. Die meisten Köche sind beschämt, wenn sie darüber Auskunft geben sollten, was zugekauft oder selbst produziert wird. Am liebsten würden sich diese Köche ihre Lieferungen in der Nacht von vermummten Lieferanten zustellen lassen um die Ware dann so unauffällig wie möglich im Lager zu verstauen.

Dabei sollten Sie eines niemals vergessen. Köche sind ja selbst die größten Convenience-Hersteller der Welt. Nur nennen sie das „Mise en place". Dabei kommen Hygienestandards oft zu kurz und so kommt es vor, dass Mangels Wissen, diese Produkte oft schon in bedenklichem Zustand oder in schlechter Qualität auf dem Teller des Gastes landen.

<u>Meine ehrliche Meinung zu diesem Thema:</u>

Fertigprodukte haben zweifellos ihre Berechtigung in Zeiten von Kostendruck und Mangel an qualifizierten Mitarbeitern. Stellen Sie sich nur einmal folgende Situation vor: Sie arbeiten in einem Saisonbetrieb und bieten täglich ein 4-Gang-Abendmenü für Ihre Gäste an. Das Hotel ist voll besetzt und 2 Küchenmitarbeiter fallen krankheitsbedingt aus. Mal ehrlich gesagt. Wären Sie dann nicht froh, wenn Sie z.B. das Dessert bzw. die kalte Vorspeise mit Hilfe von qualitativ hochwertigen Convenience-Produkten abdecken könnten?

Convenience-Produkte zu verwenden ohne gleichzeitig den Mitarbeiterstamm zu reduzieren macht wenig Sinn, da die durchschnittliche Gewinnspanne im Gastronomiebereich ohnedies gering ist.

Noch ein Beispiel:

Gerade im Zukauf von sogenannten Halbfertigprodukten liegt, meiner Ansicht nach, großes Potential. Wer hackt schon gerne kiloweise Zwiebeln, stiftelt Karotten und anderes Gemüse, wäscht Salat und hackt Knoblauch? Abgesehen davon, dass diese Tätigkeiten monoton und kostenintensiv sind, nehmen sie auch noch sehr viel kostbare Zeit in Anspruch. Zeit, die Sie für andere, wichtigere Tätigkeiten verwenden könnten.
Angenommen Sie hätten einen zuverlässigen Lieferanten der sie mit diesen Produkten in absoluter Topqualität versorgen würde. Stellen Sie sich vor, dass Sie abends zum Telefon greifen und diese Produkte für den nächsten Tag bestellen würden. Aus den gelieferten Rohstoffen fertigen Sie dann Ihre individuellen Menüs und Ihre Tellergerichte. Wären Sie deswegen ein schlechterer Koch? Würde der Gast einen Unterschied merken?

Sie dürfen sich nicht selbst in den Sack lügen und davon ausgehen, dass ein Produkt, welches Sie frisch einkaufen, automatisch im Endprodukt günstiger ist als ein Halbfertigprodukt. Die folgende Gegenüberstellung sollten Sie nun kritisch betrachten und daraus eventuelle Schlüsse ziehen.

Preis für 1 kg frische Zwiebeln	0,60	Preis pro kg Zwiebeln	1,80
Abfall (ca. 20 %)	0,12		
Kosten/kg	0,72		
schälen/Hacken 10min.	2,30		
Preis/kg gehackte Zwiebeln	3,02	**Halbfertigprodukt gehackt**	1,80

(* Grafik in Euro)

Klar, dass ein Lehrling die Grundfertigkeiten und Schneidetechniken erlernen muss und dieser bei Bedarf und Zeitressourcen auch für solche Arbeiten herangezogen werden kann, dennoch fördern Sie bei jungen Menschen besser andere, für sie noch wichtigere Kenntnisse wie Organisationstalent, Verlässlichkeit, Liebe zum Detail u.a.m.

Wenn Sie sich nicht auf absolutem Hauben- oder Sterneniveau bewegen, kommen Sie am Thema „Convenience" fast nicht vorbei. Viele übertreiben es leider auch maßlos damit. Bocklos hängen Sie ihre Röstitaschen in die Friteuse und richten diese Produkte ohne Scham auf die Teller an.
Sterneköche haben den Vorteil, dass diese eine Klientel ansprechen, welches bereit ist für gute Produkte gutes Geld auszugeben. Diese Zielgruppe ist aber in der Minderheit. Denken Sie doch an das Einkaufsverhalten vieler Menschen. Was die meisten Leute interessiert ist der Preis und das Aussehen eines Produkts. Der Geschmack tritt bei der Wahl der Lebensmittel meist in den Hintergrund. Herkunft und Anbaumethode locken den meisten Konsumenten nur ein müdes Lächeln ins Gesicht. Sie kapieren auch nicht mehr, wie etwas gemacht oder angebaut wird. Während Sie auf der Autobahn im Stau stehen und über die Verkehrslage fluchen sollten diese gnadenlosen Dummköpfe eines bedenken. „Vielleicht liegt gerade jene Tomate im LKW vor ihnen, die quer durch Europa gekarrt wird, um dann auf dem Tisch von ihnen oder einem Gast zu landen."

Glücklicherweise gibt es immer mehr Konsumenten, die Wert auf Qualität und Herkunft ihrer Produkte legen. Kein Trend ohne Retrotrend!

Gerade bei jungen Leuten ist der Bezug zu Lebensmitteln häufig völlig verlorengegangen. Lehrer, die im Unterrichtsgegenstand Speisen- und Menükunde unterrichten, können sicher ein Lied darüber singen. Frage ich einen ausgelernten Koch zu welcher Jahreszeit was wächst, folgt meist nur ein erbärmliches Achselzucken. Woher sollte der junge Mensch das auch wissen? Von ihrem Küchenchef oder Chef etwa?

Einmal ganz sicher nicht von den Eltern, denn statistisch gesehen ernähren sich diese ebenfalls zu einem hohen Prozentsatz von Junkfood und Fertigprodukten.
Die Playstation bietet meines Wissens auch kein Programm an, welches im Zusammenhang mit hochwertigen Lebensmitteln steht. Wer selbst nur Junkfood und Energy-Drinks in sich reinschüttet, woher in Gottes Namen soll so ein Mensch das wissen? Hat so ein Mensch den Lehrbrief verdient? Darf man so jemanden auf unsere Gäste loslassen? Ich überlasse es Ihnen, das zu beurteilen.

Fazit: Wir leben in einer Welt in der der Kontakt zu den meisten Lebensmitteln völlig abhanden gekommen ist. Wer glaubt, dass sich dies nicht auf die derzeitige Kochkultur auswirkt, liegt leider falsch. Viele Menschen verziehen keine Miene, wenn ein Liter Motoröl für den PKW ca. € 20,-- kostet, regen sich aber im Geschäft auf, dass ihr Olivenöl dann € 18,-- pro Liter kostet. Da stimmt doch irgendetwas nicht, was denken Sie?
In einer Welt im Überfluss ist alles zu jeder Zeit erhältlich. Es bräuchte meiner Ansicht nach eine neue Generation von Unternehmern und Köchen, die den Mut besitzen nicht alles zu jeder Jahreszeit auf ihrer Speisekarte anzubieten und dies in entsprechender Form ihren Gästen auch zu kommunizieren. Es müsste uns durch eine gezielte Informationspolitik gelingen, eine neue Wertigkeit für Lebensmittel zu schaffen, damit der Mensch versteht, dass die Herstellung und der Anbau von qualitativ hochwertigen Lebensmitteln einen Wert haben.
Einige Betriebe haben sich schon ernsthafte Gedanken zu diesem Thema gemacht und haben bereits den Einkauf und ihr Angebot umgestellt. Ich ziehe meinen Hut vor ihnen, denn der Einkauf verteuert sich dadurch um einiges.

Durch mangelnde finanzielle Möglichkeiten sind viele Konsumenten gezwungen auf minderwertige Lebensmittel zurückzugreifen. Oft ist es jedoch auch falsches Ausgabeverhalten (Alkohol, Zigaretten, sonstiger Kram), der ihnen den Weg zu hochwertigen Lebensmitteln verschließt.

Wie sich die soeben beschriebenen Entwicklungen auf das Einkaufsverhalten der Köche und Unternehmer auswirken, darf niemanden wundern. Durch den enormen Kostendruck kaufen viele einfach das Billigste vom Billigen ein um wenigstens die Kennzahl des Wareneinsatzes auf ein normales Niveau zu senken.
Ein junger Küchenchef tut sich jedenfalls leichter mit einem professionellen Verkaufsberater eines der unzähligen Großlieferanten zu verhandeln als mühsam Kleinbauern aus der Umgebung abzuklappern, die zudem bestimmte Produkte nicht zu jeder Jahreszeit liefern können.

Ein provokanter Gedanke:

Ich möchte die Gesichter der Restaurantbesucher sehen, würden diese eine Speisekarte mit 2 Preisspalten vorfinden.

Ein Beispiel:

Gemüseomelette mit Joghurt-Dipp
(Eier aus Käfighaltung, spanisches Treibhausgemüse)
€ 6,90

***

Gemüseomelette mit Joghurt-Dipp
(Bio-Freilandeier vom Bauern x mit heimischem Saisongemüse der Region)
€ 8,10

Was würden Sie wählen?

Kapitel 5

Das Betriebsergebnis - Darstellung

Nun haben wir die beiden wichtigsten Kostenpositionen ausführlich unter die Lupe genommen (Personalkosten und Wareneinsätze). Gehen wir jetzt einen Schritt weiter und schauen uns einmal zusätzlich die übrigen Kosten in einem durchschnittlichen Gastgewerbebetrieb an. Das Betriebsergebnis wird im Normalfall in Form einer vorläufigen Erfolgsrechnung bzw. der Gewinn- und Verlustrechnung dargestellt. Die Zahlen dazu liefert uns die Kostenrechnung, nicht zu verwechseln mit der Buchhaltung die verpflichtend ist. Die Kostenrechnung kann/sollte von jedem Unternehmer gemacht werden. Buchhaltungsprogramme liefern jedoch heutzutage ebenfalls Daten der Kostenrechnung. Die folgende Tabelle gibt Ihnen einen sehr groben Überblick zum Betriebsergebnis eines Gastronomiebetriebes.
Leser mit geringem Vorwissen, was die Kostenrechnung anlangt, sollten sich die Tabelle gut ansehen und sich in den folgenden Seiten langsam mit diesem wichtigen Thema vertraut machen.

<u>1. Beispiel: (Gasthaus)</u>

Vorläufige Erfolgsrechnung des Jahres 20..

	€	
Nettoumsatz	100.000,--	100 %
- Wareneinsatz (netto)	30.000,--	30 %
Deckungsbeitrag 1 (DB 1)	70.000,--	70 %
- Personalkosten	40.000,--	40 %
Deckungsbeitrag 2 (DB 2)	30.000,--	30 %
- übrige Kosten	25.000,--	25 %
Deckungsbeitrag 3 (vorl. Gewinn vor Steuern)	5.000,--	5 %

* Tabelle mit Nettobeträgen

Abbildung 1

Diese stark vereinfachte Darstellung einer Gewinn- und Verlustrechnung zeigt, dass dem oben gezeigten Betrieb nach Abzug aller Kosten lediglich € 5.000,-- an vorläufigem Gewinn übrigbleibt. Von diesem Gewinn sind die Steuern zu bezahlen bzw. eine eventuelle Rückzahlung eines Investitionskredites zu tilgen. Ein unbefriedigendes Ergebnis. Für den Unternehmer würde das bedeuten, dass von jedem Tausender, den der Servicemitarbeiter abrechnet, lediglich € 50,-- für ihn übrigbleiben, und nicht einmal das.
Vor allem die traditionelle Gastronomie (Wirtshaus, Restaurant) hat derzeit das ernsthafte Problem, dass nicht viel vom Umsatz in Form von Gewinn übrigbleibt. Je nach Betriebstyp sind das zwischen 0 % und 20 % des Umsatzes, das als vorläufiger Gewinn hängenbleibt. Leider gibt es genügend Betriebe die jeden Monat, trotz ernsthafter Anstrengungen, kein positives Betriebsergebnis erwirtschaften.
Mangels Kenntnissen im Bereich Kosten- und Ertragskalkulation erfahren diese Unternehmer erst nach geraumer Zeit von ihrem Steuerberater diese Hiobsbotschaft. Oft ist es auch nur die gnadenlose Unwissenheit vieler Unternehmer, die ein positives Ergebnis einfach unmöglich machen. Egal. Es ist wie es ist.
Ohne weiter zu lesen, versuchen Sie jetzt in die Rolle des Unternehmensberaters zu schlüpfen und geben Sie diesem oben dargestellten Betrieb 5 wertvolle Tipps, wie das Betriebsergebnis zu verbessern wäre.

1.
2.
3.
4.
5.

Steht bei einem Ihrer Vorschläge etwas von „Umsatzsteigerung“? Die Umsatzerhöhung ist nämlich das „einfachste“ Mittel, um das Betriebsergebnis zu verbessern. Statt gleich die Kostenschere anzusetzen und bei Personal, verwendeten Rohstoffen und sonstigen Kosten (z.B. Energieaufwand, Werbung…) Einsparungen zu machen ist es wichtig, Möglichkeiten der Umsatzerhöhung in Betracht zu ziehen. Nun landen wir unweigerlich bei der Verantwortung der Servicemitarbeiter. Diese tragen die Verantwortung über den gesamten Umsatz, welcher getätigt wird. Wäre der oben dargestellte Betrieb ein Hotel würde selbstverständlich die Rezeption den Löwenanteil des Umsatzes durch aktive Verkaufspolitik herein wirtschaften.

Mein Vorwurf:
Die Mitarbeiter im Service bzw. an der Rezeption sind auf ihre enorm wichtige Aufgabe zu wenig sensibilisiert. Durch ihr Verkaufsgeschick und ihren Einsatz finanzieren diese „Front oft the house-Mitarbeiter" sämtliche „Back-of-the-house-Mitarbeiter" wie z.B. Köche, Zimmermädchen, Hausmeister usw. mit. Was kann der Koch dafür, wenn im Verkauf Leute am Werk sind, die ihr Handwerk nicht verstehen? Gar nichts. Und schon sind wir beim nächsten Problem. Die Gastronomen und Hoteliers achten bei ihrer Mitarbeiterauswahl wohl eher auf die anfallenden Lohnkosten als auf das Verkaufstalent ihrer zukünftigen Mitarbeiter. Dabei geht es aber um unglaublich viel Geld.

Wenn man bedenkt wie viele ahnungslos Glückliche in diesem Bereich tätig sind, gewinnt man auch eine Vorstellung wie schwierig es für professionell agierende Unternehmer ist, geeignete Mitarbeiter für diese Bereiche zu finden. Diese Suche ähnelt der Suche nach einer Nadel im Heuhaufen und gestaltet sich als äußerst schwierig. Kontinuierliches „Training on the job" findet leider nur in den seltensten Fällen statt. Oft wird sogar auf die genaue Einschulung eines neuen Mitarbeiters völlig verzichtet. Ein fataler Fehler.

Stichwort „Ehrlichkeit"
Sie können es drehen und wenden wie Sie wollen. Ich behaupte, dass Unternehmer von jedem 2. Mitarbeiter belogen und betrogen werden, und sei es nur, dass Personalgetränke ohne Zustimmung der Vorgesetzten konsumiert werden.

Schlimm wird es dann, wenn gewisse Produkte, die nicht aus der Schankanlage bezogen werden, absichtlich nicht boniert werden und so zur Aufbesserung der Trinkgeldkasse beitragen. Wenn die Chefleute ein funktionierendes Controlling praktizieren (z.B. durch regelmäßiges Inventurwesen und Vergleich der Soll- und Ist-Bestände) wird es für die Mitarbeiter schwer, sich auf Kosten der Chefleute zu bereichern. Dies ist in den seltensten Fällen jedoch der Fall. Zu sehr sind die Führungskräfte ins Tagesgeschäft eingebunden um sich auch noch mit solchen, scheinbar unwichtigen Themen zu beschäftigen.

Wird es durch ein engmaschiges Controlling schwerer den Unternehmer zu betrügen, dann tritt der Gast ins Visier dieser Kleinkriminellen. Da wird dann gemütlich mehr kassiert, als konsumiert wurde und besonders bei Großveranstaltungen sind plötzlich Dinge auf der Gesamtrechnung die von irgendwem konsumiert wurden, nur nicht vom zahlenden Gast.

In meiner früheren Funktion als Hoteldirektor machte ich leider viele Erfahrungen in diesem Bereich. Den Vogel schoss ein Kellner ab (heute gibt es ja anscheinend keine Kellner mehr, sondern nur noch Restaurantfachmänner und -frauen?!). Der junge Mann machte täglich brav seine Abrechnung. Was mir auffiel waren jedoch 2 Tische, die er täglich offen lies. D.h. er hat Geld kassiert und es nicht abgerechnet. Wahrscheinlich war er pleite und brauchte das Geld um es in irgendeinem Kleincasino wieder unter die Leute zu bringen.

Irgendwann musste er dennoch die beiden Tische bar abrechnen. Die Frage war nur - wann hatte er dies im Sinn. Da ich damals schon zu abgebrüht war um überrascht von seinem Fehlverhalten zu sein, kontrollierte ich in den Folgetagen täglich seine offenen Tische um dann an einem Samstag festzustellen, dass zwar die Tische nicht mehr offen waren, jedoch auch kein Barumsatz auf seiner Abrechnung aufschien. Er hatte ja nur am Abend bei einer Hochzeitsfeierlichkeit mitgeholfen. Oje, hatte er tatsächlich? Nein, so hinterlistig und kaltblütig konnte nicht einmal dieser kleine Schlaumeier sein. Aber es war tatsächlich so. Er hatte die beiden offenen Tische (Gesamtwert - ca. € 100,--) auf die Gesamtrechnung der Feierlichkeit gesplittet. Kluger Bursche.

In derselben Woche machte ich auch bei anderen Bedienungen Spotchecks auf deren Ehrlichkeit. Eine Bedienung ertappte ich dabei, wie sie aus mehreren großen Bieren (0,5l) viele, viele kleine Biere zauberte um mit dem Erlös dann abends wahrscheinlich ihre Alkoholsucht zu befriedigten.

Auch im Bereich Rezeption sind viele Schlupflöcher für unehrliche Menschen. Beispiel gefällig? Gerne!

Ein Gast kommt von extern und möchte die öffentliche Sauna des Hotels benutzen. Die Rezeptionistin kassiert brav die € 12,-- und vergisst versehentlich den Umsatz in ihrem Kassabuch als Zahlungseingang zu vermerken. Dumm gelaufen - zumindest für die Chefleute, denn dieser Umsatz fehlt im Betriebsergebnis.

Fazit:
Viel Geld wird bereits im eigenen Betrieb sozusagen vernichtet. Wenn Sie nochmals das Betriebsergebnis in Abbildung 1 betrachten, werden Sie feststellen, dass sowohl der Umsatz, als auch die Wareneinsätze von solchen Missständen betroffen sind. So wird es für viele Unternehmer nochmals schwerer, entsprechende Gewinne einzufahren.

Vertrauen ist gut - Kontrolle ist besser. Vertrauen Sie also Ihren Mitarbeitern - kontrollieren Sie diese jedoch bei jeder Gelegenheit und lassen Sie ihnen nicht das kleinste Schlupfloch. Machen Sie regelmäßige Schwerpunktkontrollen und informieren Sie die Mitarbeiter darüber. Übrigens - viele Unternehmer wissen ganz genau, dass einige ihrer Mitarbeiter stehlen, tolerieren dies jedoch stillschweigend, da sie keinen Ersatz für den Mitarbeiter haben. Auch dies ist typisch für unsere Branche.

Natürlich muss jeder Mitarbeiter wissen, wie viel Umsatz er erzielen sollte, damit er sich als Lohn- oder Gehaltsempfänger für das Unternehmen auch rechnet. Wissen Sie es, liebe Leser. Hat Sie die Geschäftsführung darüber in Kenntnis gesetzt? Oder umgekehrt. Haben

Sie Ihre Mitarbeiter mit den neuesten Kennzahlen versorgt? Auch die mangelnde Zahlentransparenz für Mitarbeiter sehe ich als ein großes Manko in unserer Branche.

Widmen wir uns aber wieder unserer vorhin dargestellten Kostenrechnung aus Abbildung 1. Angenommen es gelänge den „Front of the house-Mitarbeitern" den Umsatz zu verdoppeln (was zugegebener Weise unwahrscheinlich ist), ergäbe die neue vorläufige Erfolgsrechnung folgendes Bild.

Vorläufige Erfolgsrechnung des Jahres 20..

	€	
Nettoumsatz	200.000,--	100 %
- Wareneinsatz (netto)	60.000,--	30 %
Deckungsbeitrag 1 (DB 1)	140.000,--	70 %
- Personalkosten	40.000,--	20 %
Deckungsbeitrag 2 (DB 2)	100.000,--	50 %
- übrige Kosten	25.000,--	12,5 %
Deckungsbeitrag 3 (vorl. Gewinn vor Steuern)	75.000,--	37,5 %

* Tabelle mit Nettobeträgen

Abbildung 2

Wie hat sich die Relation Umsatz zu Kosten verändert:

1) Der Wareneinsatz ist in Euros betrachtet doppelt so hoch. (Doppelter Umsatz, doppelt so hoher Einkauf, die Prozentzahl bleibt gleicht. 30 % vom Umsatz wird eingekauft)

   vorher € 30.000,--
   → jetzt € 60.000,--

2) Der Deckungsbeitrag 1 (Umsatz minus Wareneinsatz) ist in Euros höher, in Prozenten gleich.

   vorher € 70.000,--
   → jetzt € 140.000,--

3) Die Personalkosten sind in Euros betrachtet gleich geblieben. (Mit denselben Mitarbeitern wurde doppelt so viel Umsatz erzielt). In Prozent zum Gesamtumsatz halbieren sich jedoch die Personalkosten auf 20 %.

vorher € 40.000,--
→ jetzt € 40.000,--

4) Der Deckungsbeitrag 2 ist in Euros natürlich höher, in Prozenten ebenfalls (50 % jetzt, vorher nur 30 %).

vorher € 30.000,--
→ jetzt € 100.000,--

5) Die übrigen Kosten sind ebenfalls gleich geblieben bei € 25.000,--, in Prozenten vom Gesamtumsatz jedoch haben sie sich halbiert (auf 12,5 % statt vorher 25 %).

vorher € 25.000,--
→ jetzt € 25.000,--

6) Der vorläufige Gewinn hat sich von € 5000,-- auf € 75.000,-- erhöht. Auch in Prozent vom Gesamtumsatz hat sich die Zahl von 5 % auf 37,5 % erhöht.

vorher € 5.000,--
→ jetzt € 75.000,--

7) Für den Unternehmer würde das bedeuten, dass von jedem Tausender, den der Servicemitarbeiter abrechnet, immerhin € 375,-- für ihn als vorläufiger Gewinn übrig bleibt.

vorher € 50,--/€ 1.000,-- Netto-Umsatz
→ jetzt € 375,--/€ 1.000,-- Netto-Umsatz

Achtung: Werden die Inklusivpreise bzw. Inklusivumsätze (Brutto) zur Berechnung herangezogen, muss aus jedem Tagesumsatz die enthaltene Umsatzsteuer heraus gerechnet werden (in Österreich: Speisen: 10 %, Getränke: 20 %). Diese ist an das jeweilige Finanzamt abzuführen. Sind evtl. verschiedene Mitarbeiter am Umsatz beteiligt, müssen auch die Bedienungsgelder aus dem Umsatz heraus gerechnet werden. Die Berechnung ist auch deshalb nicht ganz exakt, da sich auch die übrigen Kosten (wie z.B. Verbrauchsmaterial, Heizung, Strom...) bei höherer Frequenz erhöhen können.

Erkenntnis: (Einteilung der Kosten nach der Gästefrequenz)
Spätestens nach der Betrachtung von Abbildung 2 müssten Sie bemerkt haben, dass es umsatzabhängige Kosten (man nennt diese „variable Kosten") sowie umsatzunabhängige Kosten gibt (man nennt diese deswegen „Fixkosten").

Beispiele für variable Kosten:
Wareneinsatz, sprich Einkauf von Speisen und Getränken (viel Umsatz - viele Kosten, wenig Umsatz - wenig Kosten)

Beispiel für fixe Kosten:
Miete, Mitarbeiterkosten (viel oder wenig Umsatz - diese Kosten sind immer gleich oder fast gleich hoch)

Regel: Statt Ihr Betriebsergebnis bildlich gesprochen mit der Brechstange oder einer Axt verbessern zu wollen, sollten Sie besser behutsam mit einem Skalpell vorgehen. Bevor man von Mitarbeiterabbau spricht, sollte man unbedingt sämtliche restlichen Positionen genau unter die Lupe nehmen. Denn Unternehmer haben soziale Verantwortung zu tragen (Mitarbeiter aber auch!).

Man kann die verschiedenen Kostenpositionen auch nach deren Zurechenbarkeit einteilen. Gewisse Kosten können direkt dem jeweiligen Produkt zugerechnet werden. Man spricht deshalb von direkten Kosten (z.B. Wareneinsatz). Andere Kosten können nicht direkt einem Produkt oder einer Dienstleistung zugeordnet werden. Man nennt sie deswegen indirekte Kosten. (z.B. Heizung, Reparaturen…) Diese Kosten müssen deswegen mittels Aufschlagsatz abgedeckt werden.
In unseren weiteren Berechnungen wird dieser Einteilung der Kosten jedoch kein Stellenwert beigemessen. Die meisten Betriebe im Gastgewerbe machen eine klassische Teilkostenrechnung und da werden sämtliche anfallenden Kosten lediglich in fixe- und variable Kosten eingeteilt. Begriffe wie „Einzel- und Gemeinkosten" welche in der klassischen Vollkostenrechnung eine Rolle spielen, spielen im Gastgewerbe meist keine wichtige Rolle.

Es gibt sie noch, jene Küchenchefs und Unternehmer, die den anfallenden Wareneinsatz (z.B. € 3,--) automatisch mit dem Faktor 3 oder 4 multiplizieren um so auf den Verkaufspreis eines Produktes zu gelangen. Dies ist jedoch äußerst problematisch, da ja jeder Betrieb eine völlig andere Kostenstruktur hat.

Im folgenden einfachen Beispiel möchte ich nun einen Schritt weiter gehen und Sie darüber informieren, wie man erkennt, welcher Mindestaufschlag erforderlich ist um sämtliche Kosten abzudecken und im Idealfall einen Gewinn zu erzielen.

2. Beispiel: (Würstelbude)
Angenommen Sie betreiben eine Würstelbude in der es nur ein Produkt zu kaufen gibt. Die beste Bratwurst im ganzen Land. Zugegebener Weise handelt es sich hier um ein etwas seltsames Beispiel, da ich persönlich keinen einzigen Betrieb kenne, welcher nur 1 Produkt anbietet. Dennoch eignet sich das Beispiel gut um Ihnen die Logik der Kostenrechnung näher zu bringen. Aus Erfahrungen in der Schule weiß ich, dass mindestens 50 % der Leser nun überfordert sein könnten. Probieren Sie es trotzdem! Ich zähle auf Sie!

Die ungefähren Kosten dieses „Minibetriebs“ betragen pro Monat:

Kostenart:	€
Miete	1.000,--
Strom/Gas	400,--
Personal	1.400,--
Reparaturen	200,--
Versicherung	100,--
Verbrauchsmaterial	150,--
Wareneinsatz (nur Würste)	1.000,--
Gesamtkosten	4.250,--

* Tabelle mit Nettobeträgen

Abbildung 3

Die Bratwurst kostet im Einkauf € 1,--/Stk. D.h. Sie haben 1.000 Würste eingekauft und diese auch verkauft!

Aufgabenstellung:

Berechnen Sie den Verkaufspreis, den Sie für diese Bratwurst verlangen müssen!

Auch in diesem Beispiel macht es Sinn, zwischen fixen und variablen Kosten zu unterscheiden.

Kostenart:	€	
Miete	1.000,--	Fixkosten
Strom/Gas	400,--	Fixkosten**
Personal	1.400,--	Fixkosten
Reparaturen	200,--	Fixkosten**
Versicherung	100,--	Fixkosten
Verbrauchsmaterial	150,--	Fixkosten**
Wareneinsatz (nur Würste)	1.000,--	variable Kosten***
Gesamtkosten	4.250,--	

* Tabelle mit Nettobeträgen

** Fixkosten (stimmt nicht ganz, mehr Umsatz = höhere Kosten)

*** variable Kosten (kein Umsatz = keine Kosten)

Abbildung 4

Wir sehen an diesem Beispiel sehr gut, dass gewisse Kosten z.B. Strom/Gas zwar ständig anfallen (= Fixkosten), jedoch durchaus mit steigendem Umsatz höher ausfallen können (Nachzahlung - variable Kosten). Diese Kosten werden „sprungfixe Kosten“ genannt.
Ich möchte diese Tatsache einfach erwähnen um dem erfahrenen Leser nicht den Eindruck der Inkompetenz zu vermitteln.

Der Einfachheit halber sehen wir diese sprungfixen Kosten mit variablen Anteilen im obigen Beispiel also als Fixkosten. So ergibt sich, dass die einzig echte variable Kostenposition der Wareneinsatz ist. Auf diesem Wareneinsatz wird nun in Form eines Aufschlags der sogenannte Deckungsbeitrag aufgeschlagen.

Rechenschema:

	€	
Gesamtwareneinsatz	1.000,--	... zur Abdeckung des Einkaufes;
+ Deckungsbeitrag	3.250,--	... zur Abdeckung der Fixkosten;
= Grundpreis	4.250,--	... dieser Betrag muss für 1.000 Würste erzielt werden;

Abbildung 5

Für die einzelne Portion heißt das:

	€	
Wareinsatz/Portion	1,--	... zur Abdeckung des Einkaufes;
+ Deckungsbeitrag	3,25	... zur Abdeckung der Fixkosten;
= Grundpreis	4,25	... dieser Betrag muss für 1 Wurst erzielt werden;

Abbildung 6

Multipliziert man die oben dargestellten Beträge mit der Verkaufszahl (1.000 Stk.) erhält man genau die Beträge in der darüberstehenden Tabelle. Für dieses Beispiel würde dies bedeuten, dass man ohne Berücksichtigung der Umsatzsteuer und des Bedienungsgeldes mindestens € 4,25 verlangen müsste, damit sämtliche Kosten abgedeckt würden. Verlangt man mehr, stellt der über diesen Betrag hinausgehende Betrag einen Gewinn dar.

	€	
Wareinsatz/Portion	1,--	... zur Abdeckung des Einkaufes;
+ Deckungsbeitrag	4,25	... zur Abdeckung der Fixkosten;
= Grundpreis	5,25	... dieser Inklusivpreis wird z.B. für 1 Wurst angesetzt;

Abbildung 7

In diesem Fall hätte man 1000 x € 4,25 an Deckungsbeitrag erwirtschaftet = € 4.250,--. Die Fixkosten betragen jedoch nur € 3.250,--. Also wird ein Gewinn in Höhe von € 1.000,-- erwirtschaftet.

Das Dilemma:

1. Problem: Ein Verkaufspreis von € 5,25 für die Wurst ist unverhältnismäßig hoch. Kein Mensch würde so viel Geld für eine Wurst ausgeben, oder?

2. Problem: Angenommen wir würden im Folgemonat wegen schlechtem Geschäftsgang nur noch 500 Stück unserer Wurst absetzen. Die Fixkosten verändern sich nicht und man kann ja nicht plötzlich viel mehr für sein Produkt verlangen, oder?

Leider ist die Kalkulation in der beruflichen Praxis nicht so einfach wie in diesem Beispiel eben dargestellt. Das Problem liegt, wie unschwer zu erkennen ist, in der Vielzahl an angebotenen Produkten und Dienstleistungen in Form von Speisen, Getränken, Zimmervermietung, Wellnessangeboten etc.

Es muss auch bei fallenden Umsätzen gewährleistet werden, dass genügend Deckungsbeitrag zur Deckung der Fixkosten erwirtschaftet wird. Der Preis, mit welchem ein Produkt in der Karte steht kann nicht jedes Mal neu festgesetzt werden?

Wie soll man also hier an die Sache herangehen?
Nehmen wir hierfür ein etwas komplexeres Beispiel zur Veranschaulichung:

3. Beispiel: (Restaurant)
Angenommen Sie führen ein kleines Restaurant

Das Vorjahresergebnis der Gewinn- und Verlustrechnung zeigt folgendes Bild:

Umsatz/Aufwandsart	€	in %	
Speisenumsatz (brutto)	140.000,--	58,3	
Getränkeumsatz (brutto)	100.000,--	41,7	
Gesamtumsatz (brutto)	**240.000,--**	**100**	
- Speisenumsatz (netto) abzgl. 10 % USt.	127.272,73		
- Getränkeumsatz (netto) abzgl. 20 % USt.	83.333,33		
Gesamtumsatz (netto)	210.606,06	100	
- Wareneinsatz Speisen (netto)	54.000,--	42,4	vom Speisenumsatz
- Wareneinsatz Getränke (netto)	14.300,--	17,2	vom Getränkeumsatz
Wareneinsatz gesamt	**68.300,--**	32,4	vom Gesamtumsatz
Deckungsbeitrag 1	142.306,06	67,6	
- Personalkosten Küche/Service	78.000,--	37	vom Gesamtumsatz
Deckungsbeitrag 2	64.306,06	30,5	
- Miete	20.000,--	9,5	
- Strom/Gas/Wasser/Heizung	9.800,--	4,7	
- Wertverlust der Anlagen	12.000,--	5,7	
- Reparaturen	7.000,--	3,3	
- Instandhaltungsaufwand	4.600,--	2,2	
- Werbeaufwand	5.000,--	2,4	
- Reinigungsmaterial	3.900,--	1,9	
- Versicherung	2.500,--	1,2	
- Verbrauchsmaterial	3.900,--	1,9	
- Büroaufwand	2.800,--	1,3	
- KFZ-Aufwand	1.300,--	0,6	
- Zeitschriften/Zeitungen	700,--	0,3	
- Wäscherei	3.900,--	1,9	
übrige Kosten gesamt	77.400,--	36,8	vom Gesamtumsatz
Deckungsbeitrag 3 oder GOP* = vorläufiger Gewinn/Verlust	- 13.093,94	-6,2	vom Gesamtumsatz

Abbildung 8

***GOP** = Gross operating profit = Wichtige Kennzahl, denn hier endet meist der Verantwortungsbereich eines Geschäftsführers. Zeitweise werden die Abschreibungen ebenfalls erst nach dem GOP abgezogen, denn auch auf diesen Wertverlust der Anlagen hat die Geschäftsleitung keinen Einfluss.

Dieses Betriebsergebnis ist, wie Sie auf den ersten Blick erkennen können, unbefriedigend, da ein Verlust erwirtschaftet wird. Nun interessiert Sie natürlich primär, woran das liegt. Vergessen Sie bei der Betrachtung dieser Berechnung nicht die in Beispiel 1 und 2 erhaltenen Erkenntnisse.

Was könnte im obigen Beispiel also passiert sein? - Fragen, die mir durch den Kopf gehen oder einfacher ausgedrückt:

<u>„Analyse kommt vor Handlung“</u>

- Habe ich zu wenig Umsatz erwirtschaftet um meine ganzen Kosten abzudecken? (Ja)
- Mit welchen Produkten wurde dieser Umsatz erzielt? (Dies erfahren Sie aus der Verkaufsartikelstatistik der Registrierkasse.)
- Habe ich Produkte auf meiner Karte die einen zu geringen Deckungsbeitrag erwirtschaften um die fixen Kosten abzudecken? (wahrscheinlich schon)
- Habe ich ein falsches Produktsortiment, mit zu geringen Verkaufspreisen? (kann sein)
- Hat der Verkauf im Restaurant nicht funktioniert? (möglich)
- Könnte ich durch Optimierung meines Angebots das Ergebnis verbessern? (logisch)
- Habe ich einen Teil meines Umsatzes an neue Mitbewerber abtreten müssen? (Dann müssen wir nur besser sein als die Konkurrenz um diesen wieder zurückzuholen.)

Erst jetzt betrachten wir die Kostenseite.

Wareneinsatz:

- Habe ich zu teuer eingekauft, zu viel weggeschmissen oder zu große Portionen gemacht oder wurde ich gar bestohlen? (kann sein)
- Habe ich vergessen die Inventurwerte mit einzuberechnen? (Möglich, denn Ware die auf Lager liegt ist bares Geld wert und muss vom Wareneinsatz abgezogen werden.)
- Habe ich die Mitarbeitermahlzeiten vom Wareneinsatz abgezogen? (Kann sein, wenn ja bringt es lediglich eine Verschönerung, da die Kosten ja trotzdem angefallen sind.)
- Stimmt das Verhältnis Wareneinsatz zu Umsatz? (Nein, denn der Wareneinsatz im Küchenbereich liegt mit 42,4 % eindeutig zu hoch. Als Durchschnittswert können Sie hier zwischen 25 % (gut) und 35 % (schlecht) ansetzen. Übrigens - der Wareneinsatz im Getränkebereich liegt bei 17,2 % und ist damit im Normalbereich. Die Branchendurchschnittswerte liegen im Getränkebereich übrigens zwischen 16 % und 25 %.

Personalkosten:

- Habe ich zu viele Mitarbeiter im Betrieb? (Kann sein, wenn der Umsatz nicht stimmt, stimmt logischerweise das Verhältnis von Umsatz zu Personalkosten nicht.)
- Sind meine Mitarbeiter überbezahlt? (bezweifle ich)

Übrige Kosten:

- Ist meine Miete überhöht, wurde Energie verschwendet, wurden die Maschinen nicht ordnungsgemäß gewartet, die Putzmittel falsch dosiert, zu viel Versicherung bezahlt, beim Büromaterial wie Papier nicht gespart? uvm.

Wie Sie sehen gibt es unzählige Möglichkeiten wie dieses miserable Ergebnis zustande gekommen ist. Um der Sache auf den Grund zu gehen, wollen wir zuerst wissen, wie sich der erzielte Umsatz zusammensetzt. Schauen wir uns dazu die Verkaufsartikelstatistik dieses Betriebes an. Mit welchen Produkten wurde also wie viel Umsatz erzielt?

Getränke:

Verkaufte Portionen	Produkt	VP*	Gesamt-Umsatz	Rundung
6.988	Kaffee	2,20	15.373,60	
2.999	Cappucino	2,40	7.197,60	
10.843	Gr. Bier	3,--	32.529,--	
7.820	Kl. Bier	2,30	17.986,--	
3.288	Cola	2,20	7.233,60	
3.901	Mineral	2,20	8.582,20	
876	1/8 Rotwein	1,90	1.664,40	
873	1/8 Weißwein	1,90	1.658,70	
3.534	Limo	2,20	7.774,80	
Gesamtumsatz	**Getränke**		**99.999,90**	**100.000,--**
			davon USt.	16.666,66
			Nettoumsatz	83.333,34

* VP = Verkaufspreis

Abbildung 9 | Getränke

Speisen:

Verkaufte Portionen	Produkt	VP	Gesamt-Umsatz	Rundung
1.690	Haustoast	3,90	6.591,--	
1.222	Rostbraten	14,50	17.719,--	
1.990	Schnitzel	10,20	20.298,--	
946	Wurstsalat	6,90	6.527,40	
1.050	Gem. Salat	3,90	4.095,--	
1.336	Spaghetti	8,90	11.890,40	
890	Tomatensuppe	3,90	3.471,--	
1.378	Rindsfilet	18,90	26.044,20	
965	Schweinesteak	9,90	9.553,50	
4.900	Mittagsmenü	6,90	33.810,--	
Gesamtumsatz	**Speisen**		**139.999,50**	**140.000,--**
			davon USt.	12.727,27
			Nettoumsatz	127.272,73

* Verkaufspreise sind Nettobeträgen

Abbildung 9 | Speisen

Was sagt uns diese Statistik?

Wir können ablesen mit welchem Produkt wir wie viel Umsatz erzielt haben, welche Produkte viel verkauft wurden und welche weniger oft, mehr nicht.
Der Löwenanteil des Umsatzes wird in diesem Beispiel im Getränkebereich mit 3 Produkten erzielt (Kaffee, gr. Bier und kl. Bier). Es ist übrigens in vielen Betrieben der Fall, dass mit sehr wenigen Produkten der Hauptumsatz gemacht wird.
Bei den Speisen erzielen wir ebenfalls mit 3 Produkten einen großen Teil des Speisenumsatzes (Schnitzel, Rindsfilet und den täglich angebotenen Mittagsmenüs).
Wie in meinen Überlegungen bereits aufgeführt, kann es nun sein, dass es gewisse Produkte im Sortiment gibt, die zu wenig Ertrag bringen um ein positives Betriebsergebnis zu ermöglichen.
Leider kann man aus der Verkaufsartikelstatistik nicht herauslesen, wie viel Deckungsbeitrag mit jedem einzelnen Produkt erzielt wurde. Hierzu sind eine exakte Wareneinsatzberechnung und die anschließende Kalkulation erforderlich.

Kapitel 6

Kalkulation von Speisen und Getränken

Einfache Kalkulation - und wie kann man den Begriff „Deckungsbeitrag" erklären?

Hier ist ein einfacher Versuch:

Der Deckungsbeitrag ist jener Betrag, der sich aus der Differenz zwischen dem Wareneinsatz und dem Verkaufspreis abzüglich Umsatzsteuer und eventuellen Bedienungsgeldern ergibt. Dieser Betrag dient zur Abdeckung der fixen Kosten. Bleibt mehr übrig als zur Deckung der Fixkosten benötigt wird, wird ein Gewinn erzielt und umgekehrt.

Nicht verstanden? - Hier ein Beispiel!

... zum Thema Wareneinsatz und Deckungsbeitrag:
Um z.B. ein Wiener Schnitzel herzustellen, benötigen Sie Rohstoffe wie Fleisch, Pommes, Mehl, Brösel, Gewürze. Alle diese Produkte haben eines gemeinsam. Sie kosten etwas. Aus den Preislisten der verschiedenen Lieferanten können wir die Liter/kg/Stück-Preise entnehmen. Wie schon geschrieben. Viele Leute haben Probleme beim Umrechnen von Kilopreisen zur benötigten Menge für das Rezept:

Ich gehe davon aus, dass dem Leser bekannt ist, dass…
• 1 kg → 100 Dekagramm (dag) → 1000 Gramm (g) hat.
• 1 Liter 10 Deziliter (dl) → 100 Zentiliter (cl) → 1000 Milliliter (ml) hat und werde deshalb nicht mehr detailliert auf dieses Thema eingehen.

Sie müssen sich also die Mühe machen und für sämtliche Artikel auf Ihrer Speisekarte eine exakte Rezeptierung machen. Das könnte dann folgendermaßen ausschauen:

<u>Rezept für Schnitzel</u>

Menge	Produkt	Preis*/ kg/l/Stk.	Wareneinsatz*/ Portion
170g	Schweinsschulter	8,90	1,51
140g	Pommes	1,90	0,27
10g	Mehl	1,05	0,01
1 Stk.	Ei	0,30	0,30
usw.	...	...	...
= Gesamt		z.B.	**3,20**

* Beträge in Euro

Abbildung 10

Wie oben in abgekürzter Form dargestellt, wurden durch exakte Rezeptierung die genauen Kosten für die Herstellung dieses Produktes ermittelt (= Wareneinsatz).

Zu meiner Schulzeit haben wir noch gelernt auf den Wareneinsatz einen Nettorohaufschlag in Prozenten aufzuschlagen (z.B. 250 %). Denkt man etwas weiter, bedeutet dies, dass Produkte mit niedrigem Wareneinsatz automatisch einen zu niedrigen Preis, und Produkte mit höherem Wareneinsatz automatisch einen zu hohen Verkaufspreis hätten. Diese Art der Kalkulation hat sich als nicht zielführend herausgestellt. Entgegen der Behauptung vieler Köche wird nun also nicht blind ein fixer Aufschlag aufgeschlagen, sondern man überlegt, wie viel die Gäste bereit sind für dieses Produkt zu bezahlen. Dies hängt von verschiedenen Faktoren ab, z.B. der Zielgruppe, der Lage, den Trends, der Wirtschaftslage, den Preisen der Mitbewerber uvm. Im Falle unseres Beispiels entscheiden wir uns für einen Verkaufspreis von € 10,20 für unser Schnitzel.

Übrigens: Produkte, nennen wir sie 0815-Produkte, welche eine hohe Vergleichbarkeit mit Mitbewerbern aufweisen (Schnitzel, Wurstsalat, Bier, gemischter Salat...) müssen sich auch vom Preisniveau am Mitbewerber orientieren. Ist man mit diesen Produkten zu teuer, erhält man schnell den Stempel, „teuer" aufgedrückt. Es ist immer wieder lachhaft für mich, mit wie wenig Fantasie und Kreativität, vor allem Jungunternehmer, an die Kartengestaltung und Produktbenennung herangehen. Viele glauben doch tatsächlich, dass man in der Gastronomie des 21. Jahrhunderts noch jemanden mit Chicken Nuggets mit Pommes, Hauswürsten und Würstel mit Sauce hinter dem Ofen herauslocken könnte. Wie wenig einfallsreich, oder nicht? In keiner anderen Branche gibt es mehr Dilettanten als im Gastgewerbe. Das können Sie nun glauben oder nicht - es ist einfach so!

Da ich meinem Prinzip der Einfachheit auch in diesem Kapitel gerecht werden möchte, habe ich Produkte gewählt, die einen hohen Bekanntheitsgrad aufweisen, jedoch zugegebener Weise etwas „abgedroschen" sind. Ein mögliches Kalkulationsschema für Speisen kann wie folgt aussehen:

A) Speisenkalkulation: (Deckungsbeitragsrechnung)

Beispiel „Wiener Schnitzel"

	in %	€	
Wareneinsatz		3,20	
+ Deckungsbeitrag		5,19	Grundpreis-WES
= Grundpreis		8,39	
+ Bedienungsgeld z.B.	10,5 %	0,88	Nettopreis: 110,5 x 10,5
Nettopreis		9,27	
+ Umsatzsteuer	10 %	0,93	Kartenpreis: 110 x 10
= Kartenpreis		10,20	
DB in % vom Kartenpreis		50,9 %	5,19 x 100: Kartenpreis
WES in % vom Kartenpreis		31,4 %	3,20 x 100: Kartenpreis

Abbildung 11

Man rechnet also retrograd vom Kartenpreis (= Verkaufspreis) bis zum Grundpreis. Logischerweise ist die Differenz zwischen Grundpreis und Wareneinsatz der Deckungsbeitrag.
Achtung: Während Speisen, zumindest in Österreich mit 10 % Umsatzsteuer belastet sind, sind es bei Getränken 20 %.

Es macht auch Sinn 2 wichtige Kennzahlen bei der Kalkulation zu errechnen. Eine davon ist die Wareneinsatzquote in Prozenten. Diese Kennzahl ist deshalb so wichtig, da man auf den ersten Blick erkennt, wie viel Euros von € 100,-- Umsatz der Einkauf beträgt. In diesem Fall sind es 31,4 %. Die Berechnung ist dennoch etwas verzerrt, da man eigentlich den Wareneinsatz, welcher übrigens immer mit Nettopreisen gerechnet wird, auch mit dem Nettoverkaufspreis vergleichen müsste. In unserem Fall wird aber der Wareneinsatz mit dem Kartenpreis verglichen (inkl. Umsatzsteuer, die ja an das Finanzamt abgeliefert werden muss). Würde man Netto mit Netto vergleichen wäre die Wareneinsatzquote höher, nämlich bei 34,52 %.
Werden verschiedene Betriebe miteinander verglichen, wird jedoch meistens die 1. Methode angewandt.
Die zweite wichtige Kennzahl ist der Deckungsbeitrag in Prozenten. Er gibt Auskunft darüber wie viel Prozent der erzielte Deckungsbeitrag vom Kartenpreis ausmacht. In der beruflichen Praxis ist diese Kennzahl jedoch bei Weitem nicht so wichtig wie die Wareneinsatzquote in Prozenten und wird in weiterer Folge von mir auch nicht mehr erwähnt.

B) Getränkekalkulation: (Deckungsbeitragsrechnung)

Beispiel „Kaffee“

	in %	€	
Wareneinsatz/Einstandspreis		0,40	
+ Deckungsbeitrag		1,41	Grundpreis-WES
= Grundpreis		1,81	
+ Bedienungsgeld z.B.	10,5 %	0,19	Nettopreis: 110,5 x 10,5
Nettopreis		2,--	
+ Umsatzsteuer	20 %	0,40	Kartenpreis: 120 x 20
= Kartenpreis		2,40	
DB in % vom Kartenpreis		58,7 %	1,41 x 100: Kartenpreis
WES in % vom Kartenpreis		16,7 %	0,40 x 100: Kartenpreis

Abbildung 11|2

Die Getränkekalkulation erfolgt nach demselben Schema wie die Speisenkalkulation mit dem Unterschied, dass 20 % Umsatzsteuer anzusetzen sind. Statt dem Begriff „Wareneinsatz“ wird meist der Begriff „Einstandspreis“ verwendet, da Getränke meist ja nicht selbst nach Rezept hergestellt werden, sondern fertig zugekauft werden.

Bleiben wir bei unserem Fallbeispiel (siehe Abbildung 8 und 9).

Angenommen Sie haben sich die Mühe gemacht und eine Nachkalkulation eines jeden einzelnen Produktes dieses Musterbetriebes gemacht. Dies erfolgt übrigens in den meisten Fällen mit Hilfe von Warenwirtschafts- und/oder Tabellenkalkulationsprogrammen.

Nun können Sie bereits wertvolle Erkenntnisse aus der Tabelle der nächsten Seite entnehmen.

Zur Erklärung:
WE = Wareneinsatz, DB = Deckungsbeitrag, VP = Verkaufspreis
USt. = Umsatzsteuer (10 % bei Speisen, 20 % bei Getränken, *gilt nur für Österreich)

Menge	Produkt	WE*	in %	VP	USt. 20 %	Netto	Bed.-Geld 10,5 %	Grund-preis	DB	Gesamt WE	Gesamt-umsatz	Gesamt DB
6.988	Kaffee	0,20	9,09	2,20	0,37	1,83	0,17	1,66	1,46	1.397,60	15.373,60	10.202,48
2.999	Cappucino	0,25	10,42	2,40	0,40	2,--	0,19	1,81	1,56	749,75	7.197,60	4.678,44
10.843	Gr. Bier	0,45	15	3,--	0,50	2,50	0,24	2,26	1,81	4.879,35	32.529,--	19.625,83
7.820	Kl. Bier	0,32	13,91	2,30	0,38	1,92	0,18	1,73	1,41	2.502,40	17.986,--	11.026,20
3.288	Cola	0,40	18,18	2,20	0,37	1,83	0,17	1,66	1,26	1.315,20	7.233,60	4.142,88
3.901	Mineral	0,32	14,55	2,20	0,37	1,83	0,17	1,66	1,34	1.248,32	8.582,--	5.227,34
876	1/8 Rotwein	0,60	31,58	1,90	0,32	1,58	0,15	1,43	0,83	525,60	1.664,40	727,08
873	1/8 Weißwein	0,60	31,58	1,90	0,32	1,58	0,15	1,43	0,83	523,80	1.658,70	724,59
3.534	Limo	0,30	13,64	2,20	0,37	1,83	0,17	1,66	1,36	1.060,20	7.774,80	4.806,24
										14.202,22	**99.999,90**	**61.161,08**
1.690	Haustoast	1,60	41,03	3,90	0,35	3,55	0,34	3,21	1,61	2.704,--	6.591,--	2.720,90
1.222	Rostbraten	4,90	33,79	14,50	1,32	13,18	1,25	11,93	7,03	5.987,80	17.719,--	8.590,66
1.990	Schnitzel	3,20	31,40	10,20	0,93	9,27	0,88	8,39	5,19	6.368,--	20.298,--	10.328,10
946	Wurstsalat	2,90	42,03	6,90	0,63	6,27	0,60	5,68	2,78	2.743,40	6.527,40	2.629,88
1.050	Gem. Salat	1,70	43,59	3,90	0,35	3,55	0,34	3,21	1,51	1.785,--	4.095,--	1.585,50
1.336	Spaghetti	1,10	12,36	8,90	0,81	8,09	0,77	7,32	6,22	1.469,60	11.890,40	8.309,92
890	Tomatensuppe	0,90	23,08	3,90	0,35	3,55	0,34	3,21	2,31	801,--	3.471,--	2.055,90
1.378	Rindsfilet	10,20	53,97	18,90	1,72	17,18	1,63	15,55	5,35	14.055,60	26.044,20	7.372,30
965	Schweinesteak	3,80	38,38	9,90	0,90	9,--	0,86	8,14	4,34	3.667,--	9.553,50	4.188,10
4.900	Mittagsmenü	2,90	42,03	6,90	0,63	6,27	0,60	5,68	2,78	14.210,--	33.810,--	13.622,--
										53.791,40	**139.999,50**	**61.403,26**
	= Gesamt									**ca.**	**240.000,--**	

* WE auf Basis von Einkaufspreisen und Rezepturen

Abbildung 12

Die Tabelle schaut komplizierter aus als sie tatsächlich ist. Die gute Nachricht ist, dass diese Tabelle sämtliche Informationen wieder gibt, die Sie für eine funktionierende Kosten- und Ertragskalkulation benötigen. Die schlechte Nachricht ist jene, dass die genaue Rezeptierung und die exakte Ermittlung der Wareneinsätze der einzelnen Produkte echt viel Arbeit ist (siehe Spalte 3, Abb. 12). Dabei hat der Küchenchef natürlich wesentlich mehr Arbeit als der Serviceleiter, da Getränke im Normalfall ja nicht produziert, sondern eingekauft werden. Diese Arbeit lohnt sich aber in jedem Fall, und ohne sie ist auch kein Controlling möglich.
Beim Food & Beverage-Controlling, kurz F&B-Controlling, beschäftigt man sich unter anderem auch mit dem Thema ob die verschiedenen Umsatz- und Kostenziele erreicht oder verfehlt wurden. Ohne Wareneinsatz und die in Abbildung 12 stehenden Kennzahlen ist dies aber nicht möglich.

Bleiben wir beim Beispiel unseres altgedienten Wiener Schnitzels. Ein 0815-Produkt aber zweifellos eine österreichische Spezialität die weltweit bekannt ist.
Wenn Sie genauer hinschauen, ist die gezeigte Darstellung nichts anderes, als eine Kalkulation (wie in Abbildung 11 erklärt) in waagrechter Form. In diesem Fall ist es eine einfache Excel-Anwendung die vom festgelegten Verkaufspreis (€ 10,20) bis zum Grundpreis (€ 8,39) zurückrechnet um dann den Deckungsbeitrag (€ 5,19) zu ermitteln. Die restlichen Produkte sind exakt nach demselben Muster berechnet.

Die Tabelle kann jedoch mehr.

Die vorhin grafisch dargestellte, einfache Kalkulation ist oben lediglich um das Element „Verkaufszahl" (Menge) erweitert. Jeder einigermaßen logisch denkende Mensch kann nun erkennen, dass…

- wenn ein Schnitzel einen Wareneinsatz von € 3,20 hat und ich dieses 1990-mal verkaufe, auch 1990-mal der Wareneinsatz anfällt. (€ 3,20 x 1.990 = € 6.368,--)

- wenn ein Schnitzel den Verkaufspreis von € 10,20 hat und ich dieses 1.990-mal verkaufe, auch 1990-mal der Umsatz erzielt wird. (€ 10,20 x 1.990 = € 20.298,--)
- wenn ein Schnitzel einen Deckungsbeitrag von € 5,19 erzielt und ich dieses 1.990-mal verkaufe, auch 1.990-mal dieser Deckungsbeitrag erzielt wird. (€ 5,19 x 1.990 = € 10.328,10)

Die Frage ob das Schnitzel ein „gutes“ Produkt ist, kann man am leichtesten beantworten, wenn man sich den Wareneinsatz in % vom Verkaufspreis ausrechnet. In diesem Beispiel sind es 31,40 %, was eindeutig zu hoch ist. Ein höherer Verkaufspreis wäre also ratsam, um vom Wareneinsatz her unter der 30 % Marke zu liegen.
Wie eingangs bereits erwähnt wurde, sollten die Wareneinsätze im Küchenbereich nicht über 30 % liegen, da sonst ein positives Betriebsergebnis in weite Ferne rückt.

Was Ihnen unbedingt klar sein muss:
Die dargestellten Tabellenwerte sind Soll-Zahlen, d.h. es sind Idealwerte (bis auf den Verkaufspreis).
Das heißt soviel, dass es nichts nützt, wenn Sie brav Ihre Rezepte mit genauen Mengendefinitionen erstellen, den Wareneinsatz ermitteln und dann die Vorkalkulation des Produktes machen, wenn Ihr Hilfskoch, Lehrling oder Küchenhilfe die doppelte Menge, wie im Rezept vorgegeben, portioniert.
Angenommen Ihr Mitarbeiter portioniert das Schnitzelfleisch jedes Mal zu groß und der Wareneinsatz steigt im Durchschnitt pro Portion statt den errechneten € 3,20 auf 3,60. Dies bedeutet, dass Ihre Tabelle zwar wunderbar die Soll-Zahlen anzeigt, in Wirklichkeit jedoch 1.990 x € 0,40 = € 796,-- mehr eingekauft werden muss. Am Jahresende gibt es dann lange Gesichter, weil die Soll- und Ist-Werte nicht übereinstimmen. Hier sind wir bereits wieder mitten im Thema „Controlling“.
Ihre nächste Frage könnte lauten: „Wie kommt man zu den Ist-Werten beim Einkauf? Ganz einfach. Sämtliche während dem Jahr bzw. der Saison angefallenen Rechnungen der Speisen- und/oder Getränke werden addiert. In der Buchhaltung geht man davon aus, dass die ein-

gekauften Waren auch verbraucht wurden. Das ist insofern nicht ganz richtig, weil ja am Jahresende/Saisonende oft noch beträchtliche Warenmengen auf Lager liegen. Diese müssen in einer Inventur erfasst werden. Der Warenwert wird dann von den Gesamteinkäufen abgezogen. Man erhält dann den tatsächlichen Warenverbrauch dieser Periode (= Ist-Wareneinsatz). Gar nicht so schwer, oder?

Wenn Sie also irgendwann in den Genuss einer Inventur kommen - es interessiert keinen Menschen wie viele Säcke Kartoffeln und wie viele Kilogramm Fleisch auf Ihrem Lager liegen, sondern ausschließlich der Geldwert der auf Lager liegenden Ware. Um diesen Wert zu ermitteln sollten Sie die exakten Nettopreise der Waren wissen. (übrigens - Warenwirtschaftsprogramme und Excel-Tabellen sind beim Inventurieren wertvolle Hilfsmittel).

Klar, dass es in der beruflichen Praxis immer zu mehr oder weniger großen Abweichungen zwischen Soll- und Ist-Wareneinsatz kommt. Lebensmittel verderben, Sachen bleiben übrig usw. Eine realistische Zahl für die erlaubte Abweichung könnte 10 % sein. In den seltensten Fällen wird der tatsächliche Ist-Wareneinsatz niedriger als der errechnete Soll-Wareneinsatz sein. Entweder der Chefkoch oder Serviceleiter ist ein Sparefroh und erreicht seinen Wert auf Kosten der Gäste, oder er bekommt Unmengen an Gratisware von Lieferanten, was unwahrscheinlich ist.

Analysieren wir weiter:

Betrachten wir wieder unsere vorhin dargestellte Tabelle (siehe Abbildung 12). Wir möchten ja immer noch herausfinden, warum das Betriebsergebnis so miserabel ausgefallen ist.

Im ***Getränkebereich*** liegen die Prozent-Wareneinsätze in einem sehr guten Bereich. Lediglich der Weiß- bzw. Rotwein weist eine überdurchschnittlich hohe Wareneinsatzquote auf (31,58 %). Durch die geringe Verkaufszahl dieser beiden Produkte ist die Auswirkung auf das Gesamtbetriebsergebnis aber sehr gering.

Menge	Produkt	WE	in %	VP	USt. 20 %	Netto	Bed.-Geld 10,5 %	Grundpreis	DB	Gesamt WE	Gesamtumsatz	Gesamt DB
6.988	Kaffee	0,20	9,09	2,20	0,37	1,83	0,17	1,66	1,46	1.397,60	15.373,60	10.202,48
2.999	Cappucino	0,25	10,42	2,40	0,40	2,--	0,19	1,81	1,56	749,75	7.197,60	4.678,44
10.843	Gr. Bier	0,45	15	3,--	0,50	2,50	0,24	2,26	1,81	4.879,35	32.529,--	19.625,83
7.820	Kl. Bier	0,32	13,91	2,30	0,38	1,92	0,18	1,73	1,41	2.502,40	17.986,--	11.026,20
3.288	Cola	0,40	18,18	2,20	0,37	1,83	0,17	1,66	1,26	1.315,20	7.233,60	4.142,88
3.901	Mineral	0,32	14,55	2,20	0,37	1,83	0,17	1,66	1,34	1.248,32	8.582,--	5.227,34
876	1/8 Rotwein	0,60	31,58	1,90	0,32	1,58	0,15	1,43	0,83	525,60	1.664,40	727,08
873	1/8 Weißwein	0,60	31,58	1,90	0,32	1,58	0,15	1,43	0,83	523,80	1.658,70	724,59
3.534	Limo	0,30	13,64	2,20	0,37	1,83	0,17	1,66	1,36	1.060,20	7.774,80	4.806,24
	= Gesamt									**14.202,22**	**99.999,90**	**61.161,08**

Menge	Produkt	WE	in %	VP	USt. 10 %	Netto	Bed.-Geld 10,5 %	Grund-preis	DB	Gesamt WE	Gesamt-umsatz	Gesamt DB
1.690	Haustoast	1,60	41,03	3,90	0,35	3,55	0,34	3,21	1,61	2.704,--	6.591,--	2.720,90
1.222	Rostbraten	4,90	33,79	14,50	1,32	13,18	1,25	11,93	7,03	5.987,80	17.719,--	8.590,66
1.990	Schnitzel	3,20	31,40	10,20	0,93	9,27	0,88	8,39	5,19	6.368,--	20.298,--	10.328,10
946	Wurstsalat	2,90	42,03	6,90	0,63	6,27	0,60	5,68	2,78	2.743,40	6.527,40	2.629,88
1.050	Gem. Salat	1,70	43,59	3,90	0,35	3,55	0,34	3,21	1,51	1.785,--	4.095,--	1.585,50
1.336	Spaghetti	1,10	12,36	8,90	0,81	8,09	0,77	7,32	6,22	1.469,60	11.890,40	8.309,92
890	Tomatensuppe	0,90	23,08	3,90	0,35	3,55	0,34	3,21	2,31	801,--	3.471,--	2.055,90
1.378	Rindsfilet	10,20	53,97	18,90	1,72	17,18	1,63	15,55	5,35	14.055,60	26.044,20	7.372,30
965	Schweinesteak	3,80	38,38	9,90	0,90	9,--	0,86	8,14	4,34	3.667,--	9.553,50	4.188,10
4.900	Mittagsmenü	2,90	42,03	6,90	0,63	6,27	0,60	5,68	2,78	14.210,--	33.810,--	13.622,--
	= Gesamt									**53.791,40**	**139.999,50**	**61.403,26**

Im ***Speisenbereich*** fallen uns jedoch sofort eine Reihe von Produkten auf, die vom Prozent-Wareneinsatz eindeutig zu hoch liegen. (Haustoast mit 41,03 %, Rostbraten mit 33,79 %, Wurstsalat mit 42,03 %, Gemischter Salat mit 43,59 %, Rindsfilet mit 53,97 %, Schweinesteak mit 38,38 %, und die Mittagsmenüs mit durchschnittlich 42,03 %)

Der Wareneinsatz für die Mittagsmenüs (€ 2,90) stellt übrigens einen Durchschnittswert dar, da ja jeden Tag ein anderes Menü angeboten wird.

Achtung: Oft unterliegen die Fachkräfte dem Irrtum, als Kennzahl lediglich die Wareneinsatzquote in % heranzuziehen. Dies kann gefährlich sein, denn die Schulden eines Betriebes werden nicht mit Prozentwerten, sondern mit Euro abbezahlt. Das heißt für Sie, dass Sie unbedingt einen Blick auf den Deckungsbeitrag in Euro werfen sollten.

Warum?

Hier ist die Erklärung:
(Exemplarisch verwenden wir beim Deckungsbeitrag die Zahlen aus Abbildung 12)

Angenommen, die Fixkosten (Personal- und übrige Kosten) eines Betriebes betragen pro Tag € 500,--

Es nützt dem Betrieb nichts, wenn er beispielsweise 100 Kaffees mit einer Wareneinsatzquote von 9,09 % verkauft, weil der damit erzielte Deckungsbeitrag in Euros zu niedrig ist, um die Fixkosten auch nur annähernd abzudecken.

100 x € 1,46 = € 146,-- Deckungsbeitrag

Besser wäre es, würde der Betrieb beispielsweise 100 Rindsfilets mit einer zu hohen Wareneinsatzquote von 53,97 % verkaufen.

100 x € 5,35 = € 535,-- Deckungsbeitrag

Damit wären die Fixkosten zumindest an diesem Tag gedeckt.

Abbildung 13

Je höher also die Fixkosten eines Betriebes sind, desto höhere Umsätze müssen erzielt werden. Dabei ist bei der Kartengestaltung vor allem auf deckungsbeitragsstarke Produkte zu achten und nicht nur auf die Wareneinsatzquote.

Ideal ist natürlich ein guter Mix zwischen solchen Produkten mit viel Deckungsbeitrag in Euros (= DB) und jenen mit einer attraktiven Wareneinsatzquote in Prozenten (= WE).

Die „Italiener" machen es uns vor. Mit Pizza und Pasta kann man gutes Geld verdienen. Wenig Materialkosten - relativ hoher Verkaufspreis.

Kapitel 7

Drei Möglichkeiten zur Verbesserung des Betriebsergebnisses

Ich schlage Ihnen nun 3 Möglichkeiten vor, um das Betriebsergebnis in der kommenden Periode bei gleichbleibenden Verkaufszahlen zu verbessern.

Drehen wir ein bisschen am Rädchen, beginnen wir mit der OP, greifen wir zum Skalpell und optimieren wir unser Angebot.

1. Einsparungen beim Wareneinsatz (d.h. Sie kaufen die angebotenen Produkte günstiger ein und verringern somit Ihr Einkaufsvolumen.) Dabei sollten Sie aufpassen, dass der Schuss nicht in die falsche Richtung losgeht. Ich meine damit den systematischen Qualitätsabbau Ihres Angebotes. Ihre Gäste sind mittlerweile „erwachsen" geworden und können sehr wohl Qualitätsprodukte von anderen unterscheiden. Der Gast hat es nicht verdient einen verhältnismäßig hohen Preis zu bezahlen und dabei immer nur das Billigste vom Billigen z.B. das billigste Mehl, das billigste Fleisch, das billigste Ei usw. zu bekommen.

2. Sie können die Verkaufspreise anheben - aber Vorsicht! Preise anheben klingt einfach, und stellt die einfachste Art dar, das Betriebsergebnis zu verbessern. Aber auch dieser Schuss kann falsch losgehen, dann nämlich, wenn Sie Preise von Produkten, die sehr gut vergleichbar sind, man nennt sie Produkte mit hoher Preistransparenz, ohne Rücksicht auf Verluste, in die Höhe treiben.
   Mehr Spielraum bleibt Ihnen da bei Nischenprodukten, die nicht jeder anbietet.

3. Sie können einzelne Produkte durch andere, bessere Gewinner-Produkte austauschen. (= hohe Verkaufserwartung und hoher Deckungsbeitrag)

Das folgende Szenario teile ich zur besseren Übersicht in 3 Schritte:

1. Schritt:
Einsparungen beim Wareneinsatz (siehe Abbildung 14)

Der Wareneinsatz der grau hinterlegten Artikel wurde optimiert z.B. durch intelligente Einkaufspolitik (vgl. Abbildung 12).

Kaffee: vorheriger Wareneinsatz	€ 0,20	jetzt: € 0,18
Cappuccino: vorheriger Wareneinsatz	€ 0,25	jetzt: € 0,23
Mineral: vorheriger Wareneinsatz	€ 0,32	jetzt: € 0,30
Haustoasts: vorheriger Wareneinsatz	€ 1,60	jetzt: € 1,40
Rostbraten: vorheriger Wareneinsatz	€ 4,90	jetzt: € 4,50
Schnitzel: vorheriger Wareneinsatz	€ 3,20	jetzt: € 3,--
Wurstsalat: vorheriger Wareneinsatz	€ 2,90	jetzt: € 2,60
Rindsfilet: vorheriger Wareneinsatz	€ 10,20	jetzt: € 9,60

Gehen wir davon aus, dass im kommenden Jahr/Saison die Verkäufe stabil bleiben.
Wie unschwer zu erkennen ist, könnte der Gesamt-Getränke-Wareneinsatz von vorher € 14.202,22 auf € 13.924,46 reduziert werden. Dramatischer sind die Auswirkungen bei den Speisen-Wareneinsätzen: Vorher waren es € 53.791,40. Jetzt wären es nur € 51.456,--.

Somit könnte man eine Ersparnis beim Wareneinsatz von insgesamt € 277,76 in Getränkebereich und € 2.335,40 im Speisenbereich, insgesamt also € 2.613,15 erzielen.

Bereits jetzt hätten wir, vorausgesetzt die restlichen Kostenpositionen bleiben in Zukunft ebenfalls auf dem Niveau dieses Jahres, ein besseres Betriebsergebnis.

Menge	Produkt	WE	in %	VP	USt. 10/20 %	Netto	Bed.-Geld 10,5 %	Grund-preis	DB	Gesamt WE	Gesamt-umsatz	Gesamt DB
6.988	Kaffee	0,18	8,18	2,20	0,37	1,83	0,17	1,66	1,48	1.257,84	15.373,60	10.342,24
2.999	Cappucino	0,23	9,58	2,40	0,40	2,--	0,19	1,81	1,58	689,77	7.197,60	4.738,42
10.843	Gr. Bier	0,45	15	3,--	0,50	2,50	0,24	2,26	1,81	4.879,35	32.529,--	19.625,83
7.820	Kl. Bier	0,32	13,91	2,30	0,38	1,92	0,18	1,73	1,41	2.502,40	17.986,--	11.026,20
3.288	Cola	0,40	18,18	2,20	0,37	1,83	0,17	1,66	1,26	1.315,20	7.233,60	4.142,88
3.901	Mineral	0,30	13,64	2,20	0,37	1,83	0,17	1,66	1,36	1.170,30	8.582,--	5.305,36
876	1/8 Rotwein	0,60	31,58	1,90	0,32	1,58	0,15	1,43	0,83	525,60	1.664,40	727,08
873	1/8 Weißwein	0,60	31,58	1,90	0,32	1,58	0,15	1,43	0,83	523,80	1.658,70	724,59
3.534	Limo	0,30	13,64	2,20	0,37	1,83	0,17	1,66	1,36	1.060,20	7.774,80	**4.806,24**
										13.924,46	**99.999,90**	**61.438,84**
1.690	Haustoast	1,40	35,90	3,90	0,35	3,55	0,34	3,21	1,81	2.366,--	6.591,--	3.058,90
1.222	Rostbraten	4,50	31,03	14,50	1,32	13,18	1,25	11,93	7,43	5.499,--	17.719,--	9.079,46
1.990	Schnitzel	3,--	29,41	10,20	0,93	9,27	0,88	8,39	5,39	5.970,--	20.298,--	10.726,10
946	Wurstsalat	2,60	37,68	6,90	0,63	6,27	0,60	5,68	3,08	2.459,60	6.527,40	2.913,68
1.050	Gem. Salat	1,70	43,59	3,90	0,35	3,55	0,34	3,21	1,51	1.785,--	4.095,--	1.585,50
1.336	Spaghetti	1,10	12,36	8,90	0,81	8,09	0,77	7,32	6,22	1.469,60	11.890,40	8.309,92
890	Tomatensuppe	0,90	23,08	3,90	0,35	3,55	0,34	3,21	2,31	801,--	3.471,--	2.055,90
1.378	Rindsfilet	9,60	50,79	18,90	1,72	17,18	1,63	15,55	5,95	13.28,80	26.044,20	8.199,10
965	Schweinesteak	3,80	38,38	9,90	0,90	9,--	0,86	8,14	4,34	3.667,--	9.553,50	4.188,10
4.900	Mittagsmenü	2,90	42,03	6,90	0,63	6,27	0,60	5,68	2,78	14.210,--	33.810,--	13.622,--
										51.456,--	**139.999,50**	**63.738,66**
	= Gesamt										**240.000,--**	

Abbildung 14

2. Schritt:
Verkaufspreise vorsichtig erhöhen

Ausgangspunkt für dieses Durchrechnungsszenario bietet die bereits optimierte Tabelle aus Abbildung 14. Die Reduktion der Wareneinsätze ist also bereits berücksichtigt.

Auch bei diesem Beispiel wurden jene Felder grau hinterlegt, bei denen der Verkaufspreis leicht angehoben wurde. Auch die damit erzielten Umsätze sind grau hinterlegt.

Kleines Bier: vorheriger Verkaufspreis: € 2,30 jetzt: € 2,40
1/8 l Rotwein: vorheriger Verkaufspreis: € 1,90 jetzt: € 2,20
1/8 l Weißwein: vorheriger Verkaufspreis: € 1,90 jetzt: € 2,20
Rostbraten: vorheriger Verkaufspreis: € 14,50 jetzt: € 15,90

Schnitzel: vorheriger Verkaufspreis: € 10,20 jetzt: € 10,90
Rindsfilet: vorheriger Verkaufspreis: € 18,90 jetzt: € 19,80
Schweinesteak: vorheriger Verkaufspreis:€ 9,90 jetzt: € 11,40

Sie erkennen sofort die Auswirkungen.

Der Getränkeumsatz würde sich bei gleichbleibender Verkaufszahl von bisher € 100.000,-- auf € 101.306,60 erhöhen. Auch in diesem Beispiel sind die Veränderungen beim Speisenumsatz dramatischer nämlich von € 140.000,-- auf € 145.791,--.
Somit wurden insgesamt € 247.097,60 erzielt. Um € 7.097,60 Euros mehr als bisher.

Rechnet man nun die Einsparungen im Bereich Wareneinsatz (€ 2.613,15) und die zusätzlich erzielten Umsätze (€ 7.097,60) zusammen liegen wir bereits bei einem um € 9.410,75 besserem Betriebsergebnis als in dieser Periode.

Menge	Produkt	WE	in %	VP	USt. 10/20 %	Netto	Bed.-Geld 10,5 %	Grund-preis	DB	Gesamt WE	Gesamt-umsatz	Gesamt DB
6.988	Kaffee	0,18	8,18	2,20	0,37	1,83	0,17	1,66	1,48	1.257,84	15.373,60	10.342,24
2.999	Cappucino	0,23	9,58	2,40	0,40	2,--	0,19	1,81	1,58	689,77	7.197,60	4.738,42
10.843	Gr. Bier	0,45	15	3,--	0,50	2,50	0,24	2,26	1,81	4.879,35	32.529,--	19.625,83
7.820	Kl. Bier	0,32	13,33	2,40	0,38	1,92	0,19	1,73	1,49	2.502,40	18.768,--	11.651,80
3.288	Cola	0,40	18,18	2,20	0,37	1,83	0,17	1,66	1,26	1.315,20	7.233,60	4.142,88
3.901	Mineral	0,30	13,64	2,20	0,37	1,83	0,17	1,66	1,36	1.170,30	8.582,--	5.305,36
876	1/8 Rotwein	0,60	27,27	2,20	0,37	1,83	0,17	1,66	1,36	525,60	1.927,20	928,56
873	1/8 Weißwein	0,60	27,27	2,20	0,37	1,83	0,17	1,66	1,36	523,80	1.920,60	925,38
3.534	Limo	0,30	13,64	2,20	0,37	1,83	0,17	1,66	1,36	1.060,20	7.774,80	**4.806,24**
										13.924,46	**101.306,50**	62.466,71
1.690	Haustoast	1,40	35,90	3,90	0,35	3,55	0,34	3,21	1,81	2.366,--	6.591,--	3.058,90
1.222	Rostbraten	4,50	28,30	15,90	1,32	13,18	1,37	11,93	8,58	5.499,--	19.429,80	10.484,76
1.990	Schnitzel	3,--	27,52	10,90	0,93	9,27	0,94	8,39	5,97	5.970,--	21.691,--	11.880,30
946	Wurstsalat	2,60	37,68	6,90	0,63	6,27	0,60	5,68	3,08	2.459,60	6.527,40	2.913,68
1.050	Gem. Salat	1,70	43,59	3,90	0,35	3,55	0,34	3,21	1,51	1.785,--	4.095,--	1.585,50
1.336	Spaghetti	1,10	12,36	8,90	0,81	8,09	0,77	7,32	6,22	1.469,60	11.890,40	8.309,92
890	Tomatensuppe	0,90	23,08	3,90	0,35	3,55	0,34	3,21	2,31	801,--	3.471,--	2.055,90
1.378	Rindsfilet	9,60	48,48	19,80	1,72	17,18	1,71	15,55	6,69	13.28,80	27.284,40	9.218,82
965	Schweinesteak	3,80	33,33	11,40	0,90	9,--	0,98	8,14	5,58	3.667,--	11.001,--	5.384,70
4.900	Mittagsmenü	2,90	42,03	6,90	0,63	6,27	0,60	5,68	2,78	14.210,--	33.810,--	13.622,--
										51.456,--	**145.791,--**	**68.514,48**
	= Gesamt										**247.097,60**	

Abbildung 15

3. Schritt:
Einzelne Produkte durch andere, bessere Gewinner-Produkte austauschen

Ausgangspunkt dieser Optimierung ist nun die Tabelle aus Abbildung 15 mit optimiertem Wareneinsatz und erhöhten Verkaufspreisen:

Bei der Durchsicht von Abbildung 16 fällt Ihnen sicherlich auf, dass die grau markierten Produkte einen miserablen Wareneinsatz in Prozent aufweisen. Wie vorhin bereits erwähnt, werfen wir auch einen Blick auf die Deckungsbeiträge in Euro (ebenfalls grau markiert). Bei 3 Speiseangeboten wurde der Verkaufspreis bereits erhöht (Schweinesteak, Rindsfilet und Rostbraten), die Kennzahlen sind nach wie vor jedoch schlecht.

Wie Sie bemerkt haben, wurde der Verkaufspreis beim Mittagsmenü unverändert gelassen, da dies ein äußerst sensibler Artikel ist. Sie sollten sich damit abfinden, dass das Mittagsgeschäft und die damit verbundenen Mittagsmenüs (z.B. für Arbeiter in der Mittagspause) zum Preis von € 6,90 von der Wareneinsatzquote her immer schlecht abschneiden werden. Warum man diese Menüs trotzdem anbietet, ist schnell erklärt. Die meisten Betriebe benötigen unbedingt den erwirtschafteten Deckungsbeitrag (in diesem Beispiel immerhin € 13.605,71) zur Abdeckung der Fixkosten.
Bei den restlichen Artikeln mit zu hohem Wareneinsatz sollte man nun entscheiden, ob man sie nicht durch „bessere" Produkte austauschen sollte.

Aber Vorsicht!

Achten Sie bei der Aufnahme neuer Artikel wie gesagt auf drei Komponenten:
a) Wareneinsatz in %
b) Deckungsbeitrag in €
c) Erwarteter Beliebtheitsgrad

Menge	Produkt	WE	in %	VP	USt. 10/20 %	Netto	Bed.-Geld 10,5 %	Grund-preis	DB	Gesamt WE	Gesamt-umsatz	Gesamt DB
6.988	Kaffee	0,18	8,18	2,20	0,37	1,83	0,17	1,66	1,48	1.257,84	15.373,60	10.342,24
2.999	Cappucino	0,23	9,58	2,40	0,40	2,--	0,19	1,81	1,58	689,77	7.197,60	4.738,42
10.843	Gr. Bier	0,45	15	3,--	0,50	2,50	0,24	2,26	1,81	4.879,35	32.529,--	19.625,83
7.820	Kl. Bier	0,32	13,33	2,40	0,38	1,92	0,19	1,73	1,49	2.502,40	18.768,--	11.651,80
3.288	Cola	0,40	18,18	2,20	0,37	1,83	0,17	1,66	1,26	1.315,20	7.233,60	4.142,88
3.901	Mineral	0,30	13,64	2,20	0,37	1,83	0,17	1,66	1,36	1.170,30	8.582,--	5.305,36
876	1/8 Rotwein	0,60	27,27	2,20	0,37	1,83	0,17	1,66	1,36	525,60	1.927,20	928,56
873	1/8 Weißwein	0,60	27,27	2,20	0,37	1,83	0,17	1,66	1,36	523,80	1.920,60	925,38
3.534	Limo	0,30	13,64	2,20	0,37	1,83	0,17	1,66	1,36	1.060,20	7.774,80	4.806,71
										13.924,46	**101.306,50**	**62.466,71**
1.690	Haustoast	1,40	35,90	3,90	0,35	3,55	0,34	3,21	1,81	2.366,--	6.591,--	3.058,90
1.222	Rostbraten	4,50	28,30	15,90	1,32	13,18	1,37	11,93	8,58	5.499,--	19.429,80	10.484,76
1.990	Schnitzel	3,--	27,52	10,90	0,93	9,27	0,94	8,39	5,97	5.970,--	21.691,--	11.880,30
946	Wurstsalat	2,60	37,68	6,90	0,63	6,27	0,60	5,68	3,08	2.459,60	6.527,40	2.913,68
1.050	Gem. Salat	1,70	43,59	3,90	0,35	3,55	0,34	3,21	1,51	1.785,--	4.095,--	1.585,50
1.336	Spaghetti	1,10	12,36	8,90	0,81	8,09	0,77	7,32	6,22	1.469,60	11.890,40	8.309,92
890	Tomatensuppe	0,90	23,08	3,90	0,35	3,55	0,34	3,21	2,31	801,--	3.471,--	2.055,90
1.378	Rindsfilet	9,60	48,48	19,80	1,72	17,18	1,71	15,55	6,69	13.28,80	27.284,40	9.218,82
965	Schweinesteak	3,80	33,33	11,40	0,90	9,--	0,98	8,14	5,58	3.667,--	11.001,--	5.384,70
4.900	Mittagsmenü	2,90	42,03	6,90	0,63	6,27	0,60	5,68	2,78	14.210,--	33.810,--	13.622,--
										51.456,--	**145.791,--**	**68.514,48**
	= Gesamt										**247.097,60**	

Abbildung 16

Bevor Sie bestimmte Produkte auf die Standardkarte setzen, sollten Sie diese unbedingt auf der Tageskarte auf ihre Verkaufshäufigkeit überprüfen. Wenn Sie diese Überprüfungen hinter sich haben, könnten Sie sich z.B. für folgende 4 neue Produkte entschieden haben:

***

Kräuterspätzle mit Gorgonzolasauce und grünem Salat
Wareneinsatz: € 1,30
Preis: € 9,40

***

Gemüselasagne mit knackigem Beilagensalat
Wareneinsatz: € 1,10
Preis: € 8,30

***

Saftige Stücke von Pute, Rind und Schwein, Saisongemüse und Kartoffelkroketten (3 versch. Saucen)
Wareneinsatz: € 4,30
Preis: 16,90

***

Tiroler Gröstl (Zarte Bratenstücke, Bratkartoffeln, Zwiebel und knusprige Speckwürfel)
Wareneinsatz: 1,40
Preis: € 7,90

Die Probekalkulationen ergäben folgendes Bild:

	in %	*Kräuterspätzle* €	*Gemüselasagne* €	*Saftige Fleischstücke* €	*Tiroler Gröstl* €
Wareneinsatz		1,30	1,10	4,30	1,40
+ Deckungsbeitrag		6,43	5,73	9,60	5,10
= Grundpreis		7,73	6,83	13,90	6,50
+ Bedienungsgeld	10,5 %	0,81	0,72	1,46	0,68
Nettopreis		8,55	7,55	15,36	7,18
+ Umsatzsteuer	10 %	0,85	0,75	1,54	0,72
= Kartenpreis		9,40	8,30	16,90	7,90
WES in % vom VP		13,8 %	13,3 %	25,4 %	17,7 %

VP = Verkaufspreis = Kartenpreis

Abbildung 17

Achtung: Berücksichtigen Sie in Ihrer Kalkulation nur dann die Bedienungsgelder, wenn die Mitarbeiter tatsächlich am Umsatz beteiligt sind! Ansonsten sind der Grundpreis und der Nettopreis identisch.
Nun können Sie Überlegungen anstellen, ob Sie sich trauen gewisse Produkte auszutauschen, oder Ihr Angebot einfach um gewisse Artikel erweitern möchten. Es ist mir klar, dass gewisse Produkte ein MUSS auf gewissen Speise- und Getränkekarten sind. Wenn einige Gäste ihren Wurst- oder Käsesalat nicht bekommen, sind sie enttäuscht, besonders wenn es sich um ein Ausflugslokal handelt. Das gilt es natürlich zu vermeiden, obwohl Ihnen klar sein muss, dass diese Produkte keinen großen Beitrag zu einem erfolgreichen Betriebsergebnis leisten. Zu hoch ist der Wareneinsatz und zu niedrig der damit erzielte Umsatz. So ein Produkt dann zu teuer anzubieten sorgt ebenfalls für Negativstimmung bei den Gästen.

Wenn aber ein eindeutiger Trend festzustellen ist, dass ein Produkt weder einen passablen Deckungsbeitrag noch eine hohe Verkaufszahl aufweist (= Verliererprodukt) sollte doch ernsthaft darüber nachgedacht werden das Produkt durch ein anderes auszutauschen. Der Einfachheit halber tauschen wir in unserem Beispiel folgende Produkte, durch die 4 vorhin genannten, neuen Produkte aus:

Haustoast, Wurstsalat, Rindsfilet, Schweinesteak

Nun sind wir an einem Grenzbereich dieser Tabelle angelangt, da wir von derselben Verkaufszahl wie mit den „alten" Produkten ausgegangen sind. In Wirklichkeit ist es natürlich nicht möglich, genau abzuschätzen wie gut sich ein neues Produkt tatsächlich verkaufen wird. Wie also können wir unser Szenario zu einem guten Ende bringen?

<u>Vorschlag:</u>
Durch die Errechnung einer durchschnittlichen Verkaufszahl pro Produkt kann ein gewisses Maß an Realitätsnähe erreicht werden. Rechnet man die Gesamtanzahl aller Speisen- bzw. Getränkeverkäufe zusammen und dividiert die Zahl durch die Anzahl der angebotenen Produkte (getrennt nach Speisen und Getränken) erhält man diese Kennzahl.

Wenn wir ehrlich sind, kann keine noch so gute Statistik in die Zukunft blicken. Wer weiß also, ob die neu aufgenommenen Produkte wirklich gut von den Gästen angenommen werden. Dies steht in den Sternen und ist somit der größte Unsicherheitsfaktor unserer Berechnungen. Da ich allzu komplizierte Berechnungen ablehne, gehen wir also auch in diesem Fall momentan davon aus, dass die neuen Produkte den exakt gleichen Absatz finden wie die bisherigen.

Eines können wir aber mit Sicherheit aus der Tabelle (Abbildung 18) ablesen. Alle neuen Produkte haben eine sensationelle Wareneinsatzquote in Prozent und ebenfalls einen hohen Deckungsbeitrag.

Menge	Produkt	WE	in %	VP	USt. 10/20 %	Netto	Bed.-Geld 10,5 %	Grund-preis	DB	Gesamt WE	Gesamt-umsatz	Gesamt DB
6.988	Kaffee	0,18	8,18	2,20	0,37	1,83	0,17	1,66	1,48	1.257,84	15.373,60	10.342,24
2.999	Cappucino	0,23	9,58	2,40	0,40	2,--	0,19	1,81	1,58	689,77	7.197,60	4.738,42
10.843	Gr. Bier	0,45	15	3,--	0,50	2,50	0,24	2,26	1,81	4.879,35	32.529,--	19.625,83
7.820	Kl. Bier	0,32	13,33	2,40	0,38	1,92	0,19	1,73	1,49	2.502,40	18.768,--	11.651,80
3.288	Cola	0,40	18,18	2,20	0,37	1,83	0,17	1,66	1,26	1.315,20	7.233,60	4.142,88
3.901	Mineral	0,30	13,64	2,20	0,37	1,83	0,17	1,66	1,36	1.170,30	8.582,--	5.305,36
876	1/8 Rotwein	0,60	27,27	2,20	0,37	1,83	0,17	1,66	1,36	525,60	1.927,20	928,56
873	1/8 Weißwein	0,60	27,27	2,20	0,37	1,83	0,17	1,66	1,36	523,80	1.920,60	925,38
3.534	Limo	0,30	13,64	2,20	0,37	1,83	0,17	1,66	1,36	1.060,20	7.774,80	4.806,24
										13.924,46	**101.306,50**	**62.466,71**
1.690	Kräuterspätzle	1,30	13,83	9,30	0,85	8,55	0,81	7,73	6,43	2.197,--	15.886,--	10.866,70
1.222	Rostbraten	4,50	28,30	15,90	1,32	13,18	1,37	11,93	8,58	5.499,--	19.429,80	10.484,76
1.990	Schnitzel	3,--	27,52	10,90	0,93	9,27	0,94	8,39	5,97	5.970,--	21.691,--	11.880,30
946	Gemüselasagne	1,10	13,25	8,30	0,75	7,55	0,72	6,83	5,73	1.040,60	7.851,80	5.420,58
1.050	Gem. Salat	1,70	43,59	3,90	0,35	3,55	0,34	3,21	1,51	1.785,--	4.095,--	1.585,50
1.336	Spaghetti	1,10	12,36	8,90	0,81	8,09	0,77	7,32	6,22	1.469,60	11.890,40	8.309,92
890	Tomatensuppe	0,90	23,08	3,90	0,35	3,55	0,34	3,21	2,31	801,--	3.471,--	2.055,90
1.378	Stücke v. Pute	4,30	25,4	16,90	1,54	15,36	1,46	13,90	9,60	5.925,40	23.288,20	13.228,80
965	Tiroler Gröstl	1,40	17,72	7,90	0,72	7,18	0,68	6,50	5,10	1.351,--	7.623,50	4.921,50
4.900	Mittagsmenü	2,90	42,03	6,90	0,63	6,27	0,60	5,68	2,78	14.210,--	33.810,--	13.622,--
										40.248,60	**149.036,70**	**82.375,96**
	= Gesamt										**250.343,20**	

Abbildung 18

- Mit dem Produkt „Kräuterspätzle“ könnte ein wesentlich höherer Deckungsbeitrag, und durch den höheren Verkaufspreis als beim Haustoast auch mehr Umsatz erzielt werden.

	Wareneinsatz	*Verkaufspreis*	*USt.*	*Nettopreis*	*Bed.-Geld*	*Grundpreis*	*DB*	*Gesamt WE*	*Gesamtumsatz*	*Gesamt DB*
bei 1.690 Stk.										
Vorher - Haustoast	1,40	3,90	0,35	3,55	0,34	3,21	1,81	2.366,--	6.591,--	3.058,90
Neu - Kräuterspätzle	1,30	9,40	0,85	8,55	0,81	7,73	6,43	2.197,--	15.886,--	10.866,70

- Mit der Gemüselasagne (statt dem Wurstsalat) ebenfalls.

bei 946 Stk.										
Vorher - Wurstsalat	2,60	6,90	0,63	6,27	0,60	5,68	3,08	2.459,60	6.527,40	2.913,68
Neu- Gemüselasagne	1,10	8,30	0,75	7,55	0,72	6,83	5,73	1.040,60	7.851,80	5.420,58

Anders verhält es sich nun mit den beiden anderen, neuen Produkten:

- Die saftigen Fleischstücke von Pute, Rind und Huhn bringen zwar weniger Umsatz als das bisherige Rindsfilet, jedoch einen vielfach höheren Gesamtdeckungsbeitrag.

	Wareneinsatz	*Verkaufspreis*	*USt.*	*Nettopreis*	*Bed.-Geld*	*Grundpreis*	*DB*	*Gesamt WE*	*Gesamtumsatz*	*Gesamt DB*
bei 1.378 Stk.										
Vorher - Rindsfilet	9,60	19,80	1,80	18,--	1,71	16,29	6,69	13.228,80	27.284,40	9.218,82
Neu - Fleischstücke	4,30	16,90	1,54	15,36	1,46	13,90	9,60	5.925,40	23.288,20	13.228,80

- Obwohl das Produkt „Tiroler Gröstl“ an und für sich ein rentables Produkt ist, hat es in diesem Szenario nicht den gewünschten Effekt gebracht, da das Vorgängerprodukt (Schweinssteak) zwar von der Wareneinsatzquote in Prozent schlecht war (33,33 %) jedoch durch den höheren Verkaufspreis dennoch mehr Gesamt-Deckungsbeitrag in Euros erzielt hat als das Tiroler Gröstl. Dieser Schuss ging also nach hinten los. Sorry. Wie heißt es so schön - „Nobody is perfect!“ In der beruflichen Praxis ist dies öfters der Fall, dass neue Produkte nicht den gewünschten Erfolg bringen.

	Wareneinsatz	*Verkaufspreis*	*USt.*	*Nettopreis*	*Bed.-Geld*	*Grundpreis*	*DB*	*Gesamt WE*	*Gesamtumsatz*	*Gesamt DB*
bei 965 Stk.										
Vorher - Schw.-Steak	3,80	11,40	1,04	10,36	0,98	9,38	5,58	3.667,--	11.001,--	5.384,70
Neu - Tiroler Gröstl	1,40	7,90	0,72	7,18	0,68	6,50	5,10	1.351,--	7.623,50	4.921,50

Die Spannung steigt. Nachdem wir nun die Schritte 1-3 durchlaufen haben und unser Speisen- und Getränkeangebot optimiert haben, interessiert uns natürlich wie das neue Betriebsergebnis ausschauen würde.

Werfen wir einen Blick darauf:

	BISHER		NEU	
Umsatz/Aufwandsart	€	in %	€	in %
Speisenumsatz (brutto)	140.000,--	58,3	149.036,70	59,5
Getränkeumsatz (brutto)	100.000,--	41,7	101.306,60	40,5
Gesamtumsatz (brutto)	**240.000,--**	**100**	**250.343,30**	100
- Speisenumsatz (netto) abzgl. 10 %	127.272,93		135.487,91	
- Getränkeumsatz (netto) abzgl. 20 %	83.333,33		84.422,17	
Gesamtumsatz (netto)	210.606,06	100	219.910,08	100
- Wareneinsatz Speisen (netto)	54.000,--	42,4	40.248,60	29,7
- Wareneinsatz Getränke (netto)	14.300,--	17,2	13.924,46	16,5
Wareneinsatz gesamt	**68.300,--**	32,4	**54.173,06**	24,6
Deckungsbeitrag 1	142.306,06	67,6	165.737,02	75,4
- Personalkosten Küche/Service	**78.000,--**	37	**78.000,--**	35,5
Deckungsbeitrag 2	64.306,06	30,5	87.737,02	39,9
- Miete	20.000,--	9,5	20.000,--	9,1
- Strom/Gas/Wasser/Heizung	9.800,--	4,7	9.800,--	4,5
- Wertverlust der Anlagen	12.000,--	5,7	12.000,--	5,5
- Reparaturen	7.000,--	3,3	7.000,--	3,2
- Instandhaltungsaufwand	4.600,--	2,2	4.600,--	2,1
- Werbeaufwand	5.000,--	2,4	5.000,--	2,3
- Reinigungsmaterial	3.900,--	1,9	3.900,--	1,8
- Versicherung	2.500,--	1,2	2.500,--	1,1
- Verbrauchsmaterial	3.900,--	1,9	3.900,--	1,8
- Büroaufwand	2.800,--	1,3	2.800,--	1,3
- KFZ-Aufwand	1.300,--	0,6	1.300,--	0,6
- Zeitschriften/Zeitungen	700,--	0,3	700,--	0,3
- Wäscherei	3.900,--	1,9	3.900,--	1,8
übrige Kosten gesamt	77.400,--	36,8	77.400,--	35,2
Deckungsbeitrag 3 oder GOP* = vorläufiger Gewinn/Verlust	- **13.093,94**	-6,2	**10.337,02**	4,7

* alle Preise in Euro und netto

Abbildung 19

Anmerkungen zum errechneten Betriebsergebnis:

Durch die Aufnahme neuer, umsatzstärkerer Produkte und leichter Preiserhöhungen könnte bei gleichbleibendem Geschäftsgang der Umsatz um ca. € 10.000,-- erhöht werden.
Durch die Optimierung der Wareneinsätze könnte dieser Betrieb die Wareneinsätze um unglaubliche € 14.000,-- senken. Auch das Prozentverhältnis zum Umsatz steht nun in einem absolut guten Verhältnis (24,6 % im Speisen- und Getränkemix ist super!).
Angenommen die Personalkosten bleiben gleich, würde sich dennoch das Prozentverhältnis zum Umsatz verbessern (vorher: 37 % jetzt 35,5 %).
Auch die übrigen Kosten stehen nun prozentmäßig in einem besseren Verhältnis zum Gesamtumsatz.
Somit erwirtschaftet der Betrieb einen vorläufigen Gewinn in Höhe von € 10.337,--. D.h. immerhin 4,7 % des Gesamtumsatzes bleibt als vorläufiger Gewinn hängen (Die Besteuerung, Abschreibungen und Kreditrückzahlungen sind noch nicht inbegriffen).
Dieses Kapitel sollte für Sie das Herzstück dieses Buches sein. Es soll Sie motivieren Ihr Angebot zu überdenken und mutig neue Sachen auszuprobieren. Sie können zahlreiche teure Kalkulationsseminare besuchen - im Grunde genommen landen Sie immer wieder bei den vorhin dargestellten Tabellen. In der Einfachheit liegt eben auch die Kraft, nicht nur in der Ruhe.

Bei der Darstellung des Betriebsergebnisses in Abbildung 19 wurden noch keine Einsparungen bei den sonstigen Kosten vorgenommen. Natürlich macht es Sinn, wenn Sie Energie und Wasser sparen, auf die exakte Dosierung der Reinigungsmittel uvm. achten. Dennoch, die größten Chancen um ein positives Betriebsergebnis zu erwirtschaften, liegen in der intelligenten Angebotsgestaltung.

Intelligente Angebotsgestaltung ist der Schlüssel zum Erfolg im Gastronomiebetrieb!

Kapitel 8

Wie sage ich es dem Mitarbeiter?

Nachdem ich nun versucht habe, Ihnen einfache Möglichkeiten aufzuzählen mehr Gewinn zu erwirtschaften, sollten Sie nun den Fokus darauf legen, diese Thematik Ihren Mitarbeitern zu verklickern. Meist sind nämlich sie es, die das Betriebsergebnis durch den fahrlässigen Umgang mit Lebensmitteln oder mangelndes Verkaufsgeschick verschlechtern.

Den Mitarbeitern könnte man das so erklären:

„Lieber Mitarbeiter. Hör bitte mal zu. Was wäre dir lieber: Wenn du € 1.000,-- Umsatz abrechnest und du musst dann als Chef noch € 60,-- aus der eigenen Tasche draufzahlen damit du alle an diesem Tag anfallenden Kosten abdecken kannst? (= Minus 6 % wie derzeit)

oder:
Wir können nach einem Tagesumsatz von € 1.000,-- immerhin € 47,-- als Gewinn einstreifen (= 4,7% vom Umsatz)?
Ich könnte mir vorstellen, dass auch ein recht einfach strukturierter Mitarbeiter (und davon gibt es in unserer Branche eine Menge) dies verstehen kann.

Sollte sich Ihr Mitarbeiter für Variante 2 aussprechen (= Geld verdienen), müssen Sie ihm nur noch beibringen wie er Sie in Ihrem Vorhaben unterstützen kann. In den Kapiteln „Mitarbeiterführung“ sowie „Professionelle Umsetzung von Zielen“ erfahren Sie mehr darüber!
Ich möchte hier zu Papier bringen, dass es vom Wissen wie es funktioniert bis hin zur konkreten Umsetzung im Betrieb durch sämtliche

Ihrer Mitarbeiter, ein sehr harter und steiniger Weg ist. Viele scheitern schlicht und ergreifend bei der Implementierung ihrer Zielsetzungen ins operative Tagesgeschäft.

Wer ist wofür verantwortlich?

Die Service- und Rezeptionsmitarbeiter sind für die entscheidende und wichtigste Position des Betriebsergebnisses hauptverantwortlich, den Umsatz. Es hilft aber nichts, wenn diese Mitarbeiter die falschen Produkte oder Produkte mit zu geringem Umsatzvolumen bzw. zu niedrigen Deckungsbeiträgen an den Mann bringen.

Somit haben die Geschäftsführung, der Küchenchef und der Serviceleiter durch gelungene Vorkalkulation und intelligente Einkaufspolitik einen ebenfalls unglaublich hohen Einfluss auf den Faktor „Umsatz". Werden Fehler gemacht, steht der Wareneinsatz nicht im richtigen Verhältnis zum Umsatz. Der erzielte Umsatz reicht dann nicht aus um die Kosten zu decken. Ist dies länger der Fall wird der Betrieb geschlossen oder geht in Konkurs.

Wer also nicht rechnet, mit dem ist bald nicht mehr zu rechnen.

Auch im Rezeptionsbereich fällt auf, dass sehr oft Personen am Werk sind, die ihr Handwerk scheinbar nicht verstehen. Oft werden Mitarbeiter beinahe ohne Einschulung an die Rezeption gesetzt. Die Mitarbeiter aus der Küche und im Service haben ihre Vorurteile der Rezeption gegenüber. Das kennen wir schon. Scheinbar kann ja jeder ein wenig am PC herumtippen und mit den Gästen reden. Es ist jedoch eine Tatsache, dass Fehler der Rezeptionsmitarbeiter wesentlich mehr Geld kosten, als Fehler im Servicebereich. Klar kommt es vor, dass die Bedienung unachtsam ist und nicht bemerkt, dass er oder sie zur Feier des Tages dem Gast noch ein weiteres Getränk anbieten könnte. So eine Unachtsamkeit kostet den Betrieb dann zwar ein paar Euro, aber die Auswirkungen sind nicht so dramatisch wie Fehler an der Rezeption.

Ein Fallbeispiel:

Ein Lehrling wird jeweils nachmittags einige Stunden allein an die Rezeption gesetzt. Ein Gast ruft an und möchte ein Zimmer reservieren. Der Lehrling, der das Hotelprogramm noch nicht gut kennt meint, dass leider kein Zimmer mehr frei wäre. Nach einem kurzen Telefonat bedankt er sich für den Anruf und legt auf. Name und Telefonnummer zu notieren hat er natürlich vergessen. Es war ja eh nichts frei, oder? Hätte er sich ein wenig mit dem Hotelreservierungsprogramm beschäftigt, käme er vielleicht zum Ergebnis, dass ein einfacher Zimmertausch die Lösung des Problems gewesen wäre. Alternativ dazu hätte er evtl. auch einen Zimmerwechsel anbieten können um dem Gast bereits beim Telefonat die Hilfe beim kurzen Umzug anbieten zu können. Eine Warteliste mit Gästen für die derzeit noch kein Zimmer frei ist macht ebenfalls Sinn. Es kann ja jederzeit vorkommen, dass ein Gast storniert.

Was mir in solchen Situationen oft fehlt ist das Gefühl, welches wir dem Gast vermitteln sollten. Egal ob wir ein Zimmer frei haben oder nicht - der Gast sollte das Gefühl haben, dass wir alles Mögliche unternehmen, um ihn in unserem Hause unterzubringen. Wenn es dann nicht klappt, können wir ihn immer noch auf ein Partnerhotel verweisen.

In solchen Situationen wird meist auch vergessen, die Daten des Gastes zu notieren um diese in die Gästekartei einzutragen. Warum fragen Sie sich? Ganz einfach. Innerhalb der Gästekartei macht es Sinn, die Gäste zu kategorisieren. Hier würde die Kategorie „angefragt-ausgebucht“ Sinn machen. Da es sich um eine „warme“ Adresse handelt (wir hatten schon persönlichen Kontakt am Telefon oder über E-Mail), können wir diese Daten nutzen um die Gäste in Zukunft über unser Angebot zu informieren oder um ihnen in naher Zukunft ein Angebot zu machen, zu dem sie kaum „nein“ sagen können (natürlich zu einer frequenzschwachen Zeit).

Wenn Sie nun an der Rezeption tätig sind und behaupten, dass Ihnen noch nie ein Fehler, wie vorhin beschrieben, unterlaufen ist, dann gratuliere ich Ihnen. Wenn solche Fehler häufig passieren, muss Ihnen klar sein, dass das unglaublich viel Geld kostet.

Eine nicht zustande gekommene Reservierung (z.B. Doppelzimmer für eine Woche mit Halbpension) kostet dann schnell einmal einige hundert Euros. Da muss das Team im Service einen ganzen Tag lang laufen, um diesen Umsatz zu erzielen.
Im Hotelbereich ist es also das Verkaufsgeschick der Rezeptionsmitarbeiter, welches entscheidenden Einfluss auf den Erfolg eines Betriebes hat. Auch ein fundiertes Wissen im Bereich Marketing und Verkauf wäre für mich persönlich ein Einstellungskriterium bei der Mitarbeiterauswahl.

Die Verantwortung, sämtliche Mitarbeiter durch aktuelle Zahlenreports auf dem Laufenden zu halten liegt alleine bei der Geschäftsführung. Wenn man als Chef selbst die Zahlen nicht weiß, ist das bitter. Wenn man sie kennt und den Mitarbeitern vorenthält ist das fahrlässig. Dennoch, in unserer Branche wird oft eine Geheimniskrämerei darum gemacht, und das ist meiner Ansicht nach ein großes Defizit. Die Angst, dass Betriebsgeheimnisse ausgeplaudert werden ist sehr groß. Dennoch - Transparenz wäre sicher eine intelligentere Lösung.

Nachdem ich Ihnen nun einen groben Einblick in das Thema Kosten- und Ertragskalkulation, Controlling sowie das Thema Kostenrechnung im Gastgewerbe gegeben habe, hoffe ich, dass meine bisherigen Ausführungen für Sie verständlich wirken. Ich habe deshalb diese leicht verständlichen Beispiele gewählt, damit Sie die Kompetenz entwickeln diese Themen an Ihre künftigen oder derzeitigen Mitarbeiter zu transportieren. Nicht jeder Mitarbeiter ist im Stande hoch komplexe Vorgänge innerhalb des Betriebes zu verstehen. Das muss er auch nicht. Er sollte jedoch auf die Schlüsselfehler, die leider allzu oft passieren, sensibilisiert sein. Die Verantwortung der Mitarbeiter liegt also darin, die mit ihnen besprochenen Zielvorgaben auch zu realisieren.

Fazit:

Die beste Ausbildung des Besitzers oder Geschäftsführers nützt nichts, wenn ihren Mitarbeiter das Talent zum Verkaufen oder Rechnen fehlt. Keine Marketingaktivität auf dieser Welt gleicht die innerbetrieblichen Fehler und Versäumnisse aus, die Umsatz verhindern oder erschweren.

Alle Mitarbeiter des Betriebes tragen zu einem positiven Betriebsergebnis bei!

Es nützt also nichts, wenn Sie persönlich alle in diesem Buch beschriebene Themen verstehen, wenn Ihre Mitarbeiter...

- glauben, dass Sie sich, nur weil Sie ein schönes Auto fahren, dumm und dämlich mit Ihrem Betrieb verdienen, statt die Wahrheit zu erfahren.
- die von Ihnen vorgegebenen Rezeptmengen für die einzelnen Produkte nicht einhalten und zu groß portionieren.
- in frequenzschwachen Zeiten herumstehen statt eine Vorproduktion gewisser Produkte zu starten.
- mit Rohstoffen zu wenig sorgsam umgehen.
- Sie bestehlen und Ihren Wareneinsatz damit erhöhen.
- Zimmeranfragen absagen, obwohl sie diese mit ein wenig Einsatz und Hirn zur Reservierung machen könnten.
- mit dem Handy spielen, Emails versenden und chatten statt den Gast nach einem weiteren Getränk fragen.

Überlegen Sie sich also, welche Inhalte dieses Kapitels für Ihre Leute wichtig sind und welche Sie weglassen können bzw. Ihre Teammitglieder überfordern könnten. Starten Sie sofort mit innerbetrieblichen Schulungen!

Kapitel 9

Was Warenwirtschaftsprogramme können

Die von mir dargestellten Berechnungen werden in der beruflichen Praxis meist nicht mehr von Hand gemacht, sondern von leistungsfähigen Warenwirtschaftsprogrammen bzw. Kalkulationsprogrammen erledigt.

Diese Programme erleichtern die Arbeit enorm und rechnen sich doppelt und dreifach. Ein sehr gutes Produkt in diesem Bereich ist z.B. das Programm „Kochen mit Gewinn". Das Gute an diesem Programm - sie müssen es nicht kaufen sondern zahlen monatlich eine Nutzungsgebühr die sich in jedem Fall rechnet! Es gibt jedoch noch eine Vielzahl anderer Programme, die vielleicht weniger komplex sind, aber dennoch ihre Aufgabe gut erfüllen.

Solche Programme können unter anderem Folgendes:

- Sämtliche Artikel Ihrer Lieferanten erfassen. (Im Idealfall müssen Sie nicht einmal die Produkte manuell eingeben sondern erhalten per E-Mail die Artikellisten Ihrer Lieferanten und spielen die Daten bequem per Mausklick ein.)
- Aus den vorhandenen Artikeln in Sekundenschnelle aussagekräftige Rezepte erstellen (inkl. Wareneinsatzermittlung). Dabei aktualisiert sich Ihr Rezept bzw. der Wareneinsatz, wenn Sie den Lieferanten wechseln und Produkte durch andere ersetzen.
- Eine Vorkalkulation Ihrer Produkte erstellen (mit exakter Deckungsbeitragsermittlung).
- Eine genaue Verkaufsartikelstatistik führen (meist im direkten Verbund mit dem Kassasystem oder wahlweise manuell).

- Täglich, wöchentlich oder monatlich wertvolle Reports erstellen, damit Sie früh genug auf Problemartikel aufmerksam werden und gegensteuern können.
- Ihre Bestellungen dermaßen optimieren, dass Ihnen die EDV sofort die benötigen Artikel bestellt, wenn Sie z.B. die Wochenplanung Ihrer Menüs erledigen.
- Wertvolle Preisvergleiche zwischen den Produkten machen, da Ihnen das Programm im Idealfall andere, bessere oder günstigere Produkte gleicher Art der übrigen Lieferanten anzeigt.
- Ihre Lagerwirtschaft optimieren, da ein Warenwirtschaftsprogramm die eintreffenden Produkte direkt in Ihr Warenlager bucht.
- Sich lästige Zwischeninventuren sparen, weil das Programm automatisch die verkauften Portionen und somit die dafür benötigten Rohstoffe und rezeptierten Mengen von Ihrem Lager abbucht und Sie sogar darauf aufmerksam macht, dass gewisse Produkte nachzubestellen sind.
- Eine genaue Preiskontrolle Ihrer Lieferanten durchführen, da das Programm Sie für den Fall, dass der Warenwert der Bestellung nicht mit der Rechnung übereinstimmt, automatisch informiert.
- Regelmäßige Erfolgsrechnungen ausdrucken, weil der Gastwirt oder Hotelier im Idealfall auch seine restlichen Kosten (Personal, Reparaturen....) EDV-mäßig erfasst und Sie somit sofort erkennen, ob Sie in der Gewinn- oder Verlustzone sind.

Wenn Sie über Grundkenntnisse im Programm Excel verfügen, können Sie auch eigene Tabellen (wie von mir dargestellt) erstellen und somit auch akzeptable Ergebnisse erzielen. Sie wissen selbst am besten, ob sich die Anschaffung einer eigenen Warenwirtschaftssoftware wegen der kleinen Betriebsgröße lohnt oder ob sie besser auf eine einfach zu wartende Tabellen- Lösung zurückgreifen.
Sollten Sie Interesse an einer individuellen Lösung für Ihren Betrieb haben, besuchen Sie die Homepage www.jobsintourism.at oder senden Sie mir ein Email.

Kapitel 10

Kalkulation von Flaschenweinen

Gemeinsam mit Frau und Kindern gönne ich mir oft den Luxus eines Restaurant- bzw. Gasthausbesuches. Blättere ich dann in der Weinkarte muss ich immer wieder schmunzeln. Nein, nicht das Weinangebot amüsiert mich, sondern die Art und Weise wie die Unternehmer zu den errechneten Verkaufspreisen gelangen. Irgendjemand hat ihnen anscheinend geraten auf den Wareneinsatz (im Getränkebereich spricht man jedoch von Einstandspreis, da diese meist ja nicht selbst produziert, sondern zugekauft werden) einen fixen Prozentaufschlag aufzuschlagen. Es wird also progressiv (von oben nach unten) gerechnet. Anhand des Beispiels der Weinkalkulation möchte ich Ihnen nun aufzeigen, warum das völliger Unsinn ist.

	Blauer Zweigelt	Brunello di Montalcino
	€	€
Einstandspreis	4,90	14,90
300 % Nettorohaufschlag	14,70	44,70
Grundpreis	19,60	59,60
0 % Bedienungsgeld	-	-
Nettoverkaufspreis	19,60	59,60
20 % Umsatzsteuer	3,92	11,92
Kartenpreis	23,52	71,52
Wareneinsatz in % (Wareneinsatz*100 : Kartenpreis)	20,8	20,8

Abbildung 20

Sie erkennen sofort das Problem:

Ein hoher Einstandspreis führt automatisch zu einem völlig überteuerten Verkaufspreis, würde man stur auf den vorgegebenen Prozentaufschlag bestehen. Früher gab das Management diese Kennzahlen vor. Verfehlte der Zuständige diesen Soll-Aufschlag, gab es eines auf die Mütze.

Neben der Tatsache, dass Sie die zu teuer angebotenen Weine nicht oder nur sehr selten verkaufen würden, würden Sie sich auch schwer tun diesen Verkaufspreis zu argumentieren. Schließlich haben Sie bei jeder angebotenen Flasche Wein denselben Aufwand. Achten Sie bei der Abbildung 20 auch auf den Wareneinsatz in % der natürlich bei dieser Art der Berechnung bei beiden Weinen gleich hoch ist (20,8 %)

Es macht also durchaus Sinn, wenn Sie auf jede Flasche einen fixen Deckungsbeitrag in Euros aufschlagen. Viele Unternehmer gehen bereits diesen Weg, für sie ist das nichts Neues. Diese können also getrost zum nächsten Kapitel blättern. Sollten Sie bei der Kalkulation von Flaschenweinen Unsicherheiten haben, lohnt es sich, den folgenden Absatz durchzulesen.

Tipp zur Errechnung der Verkaufspreise bei Flaschenweinen oder offen ausgeschenkten Weinen aus der 7/10 Flasche:

Schlagen Sie auf den Einstandspreis einen Deckungsbeitrag zwischen € 12,-- bei günstigeren Weinen, und € 20,-- bei exklusiveren Weinen auf. Somit ergeben sich für Sie zwei Vorteile: Erstens verkaufen Sie die Weine öfters und zweitens wissen Sie exakt wie viel Deckungsbeitrag Sie mit dem Verkauf jeder einzelnen Flasche erwirtschaftet haben. Vergessen Sie nicht, dass die Kreditrückzahlung in Euros erfolgt und nicht in Prozenten. Lieber sind Ihnen doch 12,-- Euros von einer verkauften Flasche als 300 % von nichts, oder?

	Blauer Zweigelt	Brunello di Montalcino
	€	€
Einstandspreis	4,90	14,90
fixer Deckungsbeitrag	12,--	14,--
Grundpreis	16,90	28,90
0 % Bedienungsgeld*	-	-
Nettoverkaufspreis	16,90	28,90
20 % Umsatzsteuer	3,38	5,78
Kartenpreis	20,28	34,68
Wareneinsatz in %	24,2	42,96

Natürlich verschlechtert sich bei dieser Art der Berechnung die Wareneinsatzquote in %. Dennoch - vergessen Sie nicht. Sie möchten den Wein ja verkaufen und € 14,-- an Deckungsbeitrag ist dennoch besser als € 12,-- beim Zweigelt.

* Sind, wie in den meisten Fällen, die Bedienungen nicht am Umsatz beteiligt, ist auch kein Bedienungsgeldzuschlag bei der Kalkulation zu berücksichtigen.

Kapitel 11

Kartengestaltung- und -design

Ein Beispiel aus der Praxis:

Bei einer meiner Beratungen lernte ich einen jungen Herrn kennen, der mir voller Stolz seine selbstgefertigte Speisekarte präsentierte. Soeben wurden übrigens in den kompletten Neubau seines Restaurants mehrere Hunderttausend Euros investiert. Nach der ersten Durchsicht des Speisenangebots fragte ich, ob er denn glaube mit Hauswürsten und Pommes sein hohes Investment innerhalb der nächsten 50 Jahre zurückzahlen zu können. Sofort wurde mir klar, dass der Herr dringenden Nachholbedarf in Sachen „Deckungsbeitragsrechnung" hatte. Nach einigen Gesprächen und ziemlich viel Arbeit hatten wir dann folgendes geändert:

- Es wurden Speisen mit attraktivem Deckungsbeitrag hinzugefügt.
- Speisen mit niederem Wareneinsatz, jedoch hoher Verkaufserwartung wurden bevorzugt.

Fazit:

Eine Speisekarte bzw. die darauf abgedruckten Speisen und Getränke entstehen nicht einfach durch einen kreativen Erguss eines rechnerisch überforderten Koches. Ihr geht eine knallharte Planung und Denkarbeit voraus.

Es ist wie beim Hausbau: planen, rechnen, durchführen.

Selbst die Platzierung, d.h. wo das jeweilige Produkt in der Karte zu finden ist, muss durchdacht werden. Sie wollen doch auch, dass jene Produkte mit dem höchsten Deckungsbeitrag den besten Kartenplatz ergattern, oder?
Wo aber ist der beste Kartenplatz, schon mal darüber nachgedacht?
Sie können ganze Bücher über dieses Thema kaufen. Auch bei dieser Thematik möchte ich Ihnen jedoch kurz und straff das Wesentliche erklären, worauf Sie achten sollten.
Sie kennen sie doch alle. Die gute alte Speisekarte in A4 oder A5, womöglich noch im Ledereinband mit Klarsichtfolien zum Blättern (Fettflecken und Fingerabdrücke inklusive). 1-mal pro Jahr oder Saison werden einige Produkte geändert und die Preise aktualisiert. Dann fügt der Chef noch ein paar Bildchen ein und fertig ist eine der langweiligsten und einfallslosesten Karten die leider Standard in vielen Gastrokonzepten sind. Wenn man dann, in Sachen Einfallslosigkeit noch eins draufsetzen will, schreibt man die Preise direkt untereinander, womöglich noch von günstig bis teuer.

Das sieht dann ungefähr so aus:

Unsere Speisekarte			
Vorspeisen:		*Hauptspeisen:*	
Gemischter Salat	€ 3,60	Schweinssteak mit Pommes	€ 9,90
Grüner Salat	€ 3,50	Rindsfilet mit Kräuterbutter	
Carpaccio mit Ruccula		und...	€ 18,00
und Parmesan	€ 8,90		
		usw.	
Suppen:			
Klare Suppe mit Frittaten	€ 2,90		
Tomatencremesuppe	€ 3,10		

Bereits in den 90er Jahren habe ich an einem sehr interessanten Vortrag zum Thema Speisekartengestaltung teilgenommen. Da mein Fachwissen ja nicht vom Himmel gefallen ist, erlaube ich mir an dieser Stelle meine Erfahrungen aus diesem Vortrag zuzüglich meiner eigenen zum Besten zu geben. Ich habe versucht dieses Thema also nicht zu kopieren sondern sozusagen zu kapieren.
Das Wichtigste gleich vorweg. Falls vorhanden, sollten Sie sich über kurz oder lang von den eingebundenen Standardformaten A4 und A5 verabschieden. Ich weiß, es ist bequem, weil man einzelne Seiten selbst drucken kann, aber mit wenig Aufwand können Sie auf ein anderes Format wechseln. Dann können Sie sich überlegen, ob sie eine Fixkarte oder eine Einwegkarte anfertigen möchten.
Fixkarten von der Druckerei oder eigens dafür spezialisierten Kartenherstellern haben den Vorteil, dass Sie, meist von Grafikern gegen Entgelt, ansprechend gestaltet und visualisiert werden.
Aber Achtung: Eine Karte muss nicht schön sein, sondern den Verkauf ankurbeln. Die Speisekarte als Verkaufsinstrument, das ist es. Oft haben Grafiker keine Ahnung welche Kartenplätze gut sind und welche nicht, geschweige, dass sie wissen welche Produkte gut für das Unternehmen sind und welche weniger.

Der Nachteil dieses Kartentyps liegt ebenfalls auf der Hand. Einmal gedruckt ist es schwer oder kostenintensiv auf Veränderungen im Speisenangebot schnell zu reagieren. Was ist zum Beispiel, wenn Sie gerade neu eröffnet haben, es also noch keine Vergleichsstatistiken aus dem Vorjahr gibt und Sie nach einigen Wochen feststellen, dass 2-3 Produkte rein gar nicht von den Gästen angenommen werden? Macht es Sinn diese auf der Karte zu lassen oder sollten Sie nicht anderen Produkten eine Chance geben?
Eine Alternative bietet da die Einwegkarte. Leider ist mir kein besserer Begriff eingefallen. Ich meine damit Karten die auf einfache Art und Weise selbst hergestellt werden und nachdem diese ihren Zweck erfüllt haben, verschmutzt oder veraltet sind, meist ins Altpapier wandern. Sie ist meist aus Papier, einseitig oder auch rückseitig bedruckt, laminiert oder natur.

<u>Ein Beispiel:</u>

RUFANA ALP

Unser Speisenangebot
für den Winter........

Suppenangebot (400ml und Brot)

Tagessuppe (€ 3,10)
Suppentopf mit Kaspressknödeln, (€ 3,30)
Gulaschsuppentopf (€ 3,90)
Vorarlberger Kasesuppe (€ 3,90)

Rufana-Alp... das etwas andere Ambiente am Berg - traumhafter Panoramablick - heimelige Atmosphäre

Zwischendurch....kalte Speisen

Frische Bauernbrote mit Speck (€ 3,90)
....mit Bürserberger Alpkäse (3,90)
oder....
Speck <u>und</u> Alpkäsbrote (€ 3,90)
Garnierter Wurstsalat mit Brot (€ 7,50)
Bunte Salatvariation mit Hausdressing (€ 3,20)
Salatplatte XL mit Hausdressing (€ 6,90)

Süßes.....

- Ofenfrischer Apfel- oder Topfenstrudel (€ 2.80)
- mit Sahne (€ 3.20) mit Vanillesauce (€ 3.70)
- Selbstgebackener Kuchen je nach Angebot (€ 2,80)
- ....mit Sahne (€ 3,20)
- Germknödel mit Mohn und Butter (€ 3,90)
- ...mit Vanillesauce (€ 4,60)

Wenn es unsere Zeit erlaubt, servieren wir Ihnen gerne unseren Kaiserschmarren nach Oma's Rezept. (€ 7,90)

Rufana Alp!!
Auch ohne Schi zu jeder Jahreszeit vom Wanderparkplatz bei der Mittelstation des Einhornlifts in nur wenigen Gehminuten erreichbar.

Familie Plaickner von der Rufana-Alp freut sich, Sie auch zu anderen Jahreszeiten zu Ihrem ganz persönlichen Anlass begrüßen zu dürfen.

Tel. 05552/66530
Handy Raffaela 0664/5283208 und Fridolin 0664/8458300

Warme Gerichte......

Rufana-Schmaus (Deftige Bauernknödel, Speckknodel sowie Semmelknödel, dazu Sauerkraut (€ 8,90)

Knuspriges Wienerschnitzel vom Schwein mit Pommes <u>oder</u> buntem Salatteller (€ 9,90)

Große Portion Pommes frites (€ 3,60), klein (€ 2,90)

Wienerle mit Brot u. Kren (€ 3,40) /mit Pommes (€ 5,20)

Raffaela's Käshörnli (feine Hörnli mit verschiedenen regionalen Käsesorten, brauner Butter, fein gerösteten Zwiebeln sowie Apfelmus) € 7,90

Rübezahl's Riesenburger (reines Rindfleisch) mit Pommes frites (€ 9,90)

Rübezahl's Riesen-Cheesburger mit Pommes (€ 10,90)

Täglich wechselndes Tagesgericht !

Frühstück....

Beginnen Sie Ihren Tag mit einem etwas anderen Frühstück am Berg!

Täglich - jedoch nur auf Vorbestellung

Für unsere kleinen Gäste...

Wikingerschmaus (Kl. Wienerschnitzel mit Pommes) € 5,90
Peter Pan (Wienerle mit Pommes) € 4,90
Geissen-Peter (Kl. Portion Käshörnli) € 4,80

- Jubiläumsfeiern
- eine etwas andere Firmenfeier
- Fackelwanderungen
- oder einfach nur ein gemütlicher „Hock"
- Rodelpartien
- Fondueabende
- Geburtstage
- Mountainbiker-Treff
- Bergfrühstück?

Vorteil: Sie können die Karte meist selbst anfertigen und blitzschnell Veränderungen vornehmen. Durch eine geschickte Papierauswahl können Sie tolle Effekte erzielen. Wenn die Karte abgegriffen oder unansehnlich geworden ist - wegwerfen und durch eine neue Karte ersetzen.

Nachteil: Der Kartentyp eignet sich nicht für alle gastronomischen Konzepte. Während sie in der modernen, getränkelastigen Kommunikationsgastronomie gut eingesetzt werden kann, würde sie in einem Restaurant der gehobenen Gastronomie eher billig wirken. Ich kenne jedoch auch Fälle, in der Einwegkarten auch in solchen Konzepten eingesetzt werden und das mit großem Erfolg.

Welche Karte für Ihren Betriebstyp die Richtige ist entscheiden Sie und zwar ausschließlich Sie. Ich möchte Ihnen an dieser Stelle nur Ideen liefern. Sollten Sie sich nicht von Ihrer Einbandkarte mit Klarsichtfolien lösen können - macht nichts - vielleicht können Sie ja die Position der angebotenen Produkte wie folgt verändern.

Das nachfolgende Beispiel ist rein exemplarisch und erhebt keinen Anspruch auf Schönheit oder Perfektion. Das können Sie sicherlich viel besser, oder? Es erfüllt lediglich einen Zweck. Welches dieser Produkte sticht Ihnen sofort ins Auge?
Raten Sie mal, mit welchem Produkt wir am meisten Deckungsbeitrag erwirtschaften. Und nicht vergessen. Kombiangebote nutzen um mit augenscheinlich günstigen Produkten dennoch einen passablen Umsatz zu erzielen!

Speisen und Getränke

Zum Einstimmen:

Bunte Salatvariation mit verschiedenen Sorten der Saison, knusprige Brotcroutons und Dressing nach Wahl (€ 4,60)

Hauchdünne Scheiben vom Rindsfilet, Ruccolasalat an hochwertigem Olivenöl und Parmesan (€ 9,90)

Suppen:

Klare Suppe mit Frittaten (€ 3,60)
Tomatencremesuppe mit frischem Basilikum (€ 3,90)

Spezialität des Hauses:

Tiroler Gröstl
(Zarte Bratlstücke, Bratkartoffeln, Zwiebel
und knusprige Speckwürfel (€ 9,80)
dazu ein warmer Krautsalat? (€ 2,90)

Noch vier Tipps am Schluss dieses Kapitels:

1. Ihre Karte ist Ihr Verkaufsinstrument Nr. 1. Warum also nicht Werbung für den eigenen Betrieb, für Veranstaltungen und Events machen?
2. Verabschieden Sie sich, wenn möglich, von der bekannten Preisspalte und schreiben Sie die Preise in Klammer direkt hinter das Produkt. Sie denken jetzt: „Was soll das bringen?" Im Schnitt werden Sie Ihren Speisenumsatz erhöhen können, da die Gäste durchschnittlich zu hochpreisigeren Produkten greifen.
3. Viele Gäste sind diese neue Art der Speise- und Getränkekartengestaltung noch nicht gewohnt. So kann es vorkommen, dass verschiedene Gäste sogar reklamieren, weil ihnen das Durchlesen der Karte zu lange dauert und deshalb zu mühsam ist. (Verständlich wenn man an die vielen Analphabeten denkt ☺) Lassen Sie sich dadurch nicht beirren - Achten Sie jedoch darauf, dass die Schriftgrößen und verwendeten Schriften gut lesbar sind.
4. Trauen Sie sich, die angebotenen Produkte genauer zu erklären (evtl. sogar einmal die Zubereitungsweise angeben), aber übertreiben Sie es nicht damit!

Dennoch: Ich bestelle lieber eine knackige Salatvariation mit Kürbiskernöl als einen gemischten Salat.

Zu guter Letzt möchte ich Ihnen noch einen letzten Rat zu diesem Thema erteilen. Die schönste Karte und die ausgefeilteste Strategie nützen nichts, wenn die Qualität am Teller oder im Glas nicht stimmt. Ich habe Konzepte begleitet, in denen das ganze Drumherum traumhaft gepasst hat. Die zubereiteten Speisen haben jedoch den Wenigsten gemundet, sodass es reihenweise Reklamationen gab. Da nützt die schönste Karte nichts.

Legen Sie Ihr Hauptaugenmerk auf die Qualitätssicherung Ihrer Produkte - dann kommt im Normalfall der Erfolg von alleine (rezeptieren, dokumentieren (evtl. Foto), standardisieren).

Natürlich muss ein gutes Produkt auch entsprechend vermarktet werden - keine Frage. In den vergangenen Jahren entdeckte ich jedoch immer mehr, dass mich Konzepte anziehen, die eigentlich gar keine sind. Es braucht kein aufgeblasenes, oft unehrliches Konzept sondern lediglich gutes Essen und Trinken. Wird die Karte zusätzlich noch intelligent gestaltet - perfekt!

Ich kehre gerne in Gastronomien ein, in denen ich mich gut betreut fühle und mir das Essen schmeckt. Back to the roots. Wie einfach es doch ist, die Gäste zu begeistern - und gleichzeitig wie verdammt schwierig!

Kapitel 12

Wenn zu viele mitreden!

Da viele Gastgewerbebetriebe familiär geführt werden, gibt es auch oft eine ganze Anzahl von Vorgesetzten. Oft bringen die sogenannten Seniorchefs mehr Unruhe in den Betrieb als Nutzen. Reden die „Alten" dann unentwegt dazwischen wandelt sich die Motivation der „Jungen" schnell in Frustration. Ich persönlich kenne eine ganze Reihe von Betrieben in denen die Juniorchefs erst mit dem Totalausstieg drohen mussten, bevor sie freie Bahn für ihre Ideen und Pläne erhielten. Mir ist klar, dass der Aufbau eines Betriebes mit unendlich viel Mühe und Entbehrungen einhergeht. Es kommt jedoch der Moment, in dem man loslassen sollte. Besonders in dieser schnelllebigen Zeit ändern sich Markt und Bedürfnisse ständig und neue Ideen der Vermarktung bzw. Positionierung sind gefragt. Was vor 30 Jahren funktionierte, funktioniert vielleicht heute nicht mehr mit dem durchschlagenden Erfolg wie damals.

Reden zu viele mit wirkt sich dies immer verheerend auf die Mitarbeitermotivation aus.

Keiner weiß so recht wer der Chef im Hause ist und so beginnt man die Vorgesetzten gegeneinander auszuspielen. Der Eine befiehlt dies, der andere das. Es gibt keine für alle gleichermaßen gültigen Standards und das ist unprofessionell und wirkt sich schlussendlich negativ auf das Geschäft aus.

Oft verwirklichen sich auch kapitalkräftige Selfmade-Männer und – Frauen den Traum ein eigenes Lokal zu eröffnen und starten dann mit einem Monsterbudget ihr Konzept. Da selbst ahnungslos glücklich, werden dann Geschäftsführer eingestellt und schon geht's los. Meist

lässt die Ernüchterung auf beiden Seiten dann nicht lange auf sich warten. Die Besitzer sind oft selbst die besten Gäste und verlagern ihre Geschäftsanbahnungen oder Meetings in diese Betriebe. Schnell wird noch ein Weinlager mit mehreren Tausend Flaschen angeschafft, weil diese Weingüter ja die besten der Welt seien. Das Interieur ist exklusiv, eine Menage kostet schon ein kleines Vermögen. Das Essen muss perfekt sein und jeder zu 100 % motiviert. Beim Besuch informiert der Besitzer Mitarbeiter und Geschäftsführung regelmäßig über neue Ideen und scheinbar todsichere Verkaufsstrategien. Ein Berater wird auch noch zugekauft und jeder lässt sein „gefährliches Halbwissen" einfließen. Es gibt brav Meetings und die Mitarbeiter werden in alles miteingebunden.
Regelmäßig kommen auch „Freunde" und Bekannte des Besitzers und reklamieren dann über schwankende Speisenqualitäten, lange Wartezeiten und jeder deponiert noch seine unglaublich wertvollen Vorschläge. Der eine möchte eine moderne Küche, der andere einen Tafelspitz. Der Besitzer möchte es natürlich jedem Recht machen und informiert die Crew bald stündlich über seine fantastischen Errungenschaften.
Nach 6 Monaten verlässt der erste Mitarbeiter den Betrieb, weil er es anscheinend nicht mehr aushält. Danach folgen weitere Kündigungen, weil sich ja alle so gut verstanden haben. Nach einem Jahr wird der Geschäftsführer ausgetauscht, da er anscheinend zu schwach war.

Was könnte geschehen sein? Wissen Sie es?

Hier ein Aufklärungsversuch meinerseits:

1) **Zielgruppe ist nicht klar definiert:**
Ein gastronomisches Konzept konzentriert sich auf gewisse Zielgruppen und versucht systematisch deren Bedürfnisse zu erfüllen bzw. deren Erwartungen zu übertreffen. Es allen recht machen zu wollen führt in ein Desaster. Jeder Koch wird Ihnen das bestätigen, da jeder eine gewisse Linie verfolgen möchte.
2) **Utopische Umsatzplanung:**
Meist wird den Mitarbeitern zu viel versprochen und zu wenig eingehalten. (z.B. Beteiligungsmodelle aufs Budget, welches meist utopisch hoch ist (zumindest die Umsatzplanung) und nicht erreicht werden kann.)
3) **Zu hohe Erwartungen an die Mitarbeiter**, die sie meist mangels Know-how ohne Nachschulung nicht erfüllen können.
4) **Zu schnell aufeinanderfolgende Restrukturierungsmaßnahmen:**
Da die meisten Umsatzprognosen überzogen sind, werden in den ersten Monaten bereits Restrukturierungsmaßnahmen, sprich Mitarbeitereinsparungen, eingeleitet. Das sorgt für Unmut und Angst um den Job.
5) **Ansprechpartner, Kompetenzen und Verantwortungsbereiche sind unklar:**
Besitzer, Geschäftsführer und Unternehmensberater sind zu viel für die Mitarbeiter. Es müsste eine zentrale Anlaufstelle geben, auf die sich die Mitarbeiter konzentrieren können.
6) **Überforderung des Geschäftsführers:**
Der Geschäftsführer befindet sich in einem Dilemma, da er ständig Order von oben erhält und diese dann in die Köpfe der Mitarbeiter einpflanzen sollte. Zu viele Inputs der Besitzer zerstören die Motivation der Geschäftsführer. Besser wäre ein geregeltes, straffes Sitzungswesen in dem eine gewisse Zeitperiode besprochen und analysiert wird (z.B. alle 2 Monate).

Fazit:

Wenn zu viele mitreden, kommt nichts Gescheites raus, um das einmal, dem umgangssprachlichen Niveau im Gastgewerbe angepasst, niederzuschreiben.

Kapitel 13

Mitarbeiter führen

Wie schaut es bei Ihnen aus? Darf ich Sie nun mitnehmen auf eine Reise in das schier unerschöpfliche Thema der Mitarbeiterführung?

Zu diesem Thema gibt es ja Unmengen von Literatur. Mein Ziel ist es, Ihnen in diesem Kapitel klar hinzuschreiben was Sie tun können damit

- die Mitarbeiterzufriedenheit in Ihrem Betrieb steigt,
- die Mitarbeiterfluktuation abnimmt,
- Sie als Führungskraft nicht die Lust verlieren,
- das Betriebsergebnis besser wird,
- die Gäste zufriedener werden und
- die Service- und Dienstleistungsqualität steigt.

Sie werden sich sicher schon öfters die Frage gestellt haben, über welche Eigenschaften eine gute Führungskraft verfügen muss um alle an Sie gestellten Anforderungen zu 100 % erfüllen zu können.

<u>Ein Erklärungsansatz:</u>
Wir bräuchten schlichtweg den perfekten Menschen bei dem das Durchsetzungsvermögen gleichermaßen ausgeprägt ist wie das Einfühlungsvermögen, der über hohe Fachkenntnisse verfügt, mehrere Sprachen spricht, ein Rechengenie ist, gut aussieht, nett ist usw. Die Mitarbeiter sollten ihn ebenso mögen wie die Gäste, ganz zu schweigen von anderen Kollegen und Führungskräften. Sie sollten in Stresssituationen ruhig bleiben und in speziellen Situationen schnell die richtigen Dinge tun.

Ein solcher Mensch wäre für jedermann ein Vorbild. Da Sie und ich genauso, nicht über sämtliche der oben aufgezählten Eigenschaften verfügen, wird es schwierig darüber nachzudenken, welche Eigenschaften nun wirklich essentiell sind.
Nachdem ich mich nun seit vielen Jahren mit dieser Thematik beschäftige, bin ich, wie könnte es auch anders sein, auf eine recht einfach klingende Lösung gestoßen.

Eine Führungskraft sollte ein Vorbild sein.

Klingt einfach, ist aber unglaublich schwierig. Einfach ausgedrückt müsste sich eine Führungskraft genau um 100 % anders verhalten, als dies 70 % der derzeitigen Führungskräfte tun, dann wäre es eine gute Führungspersönlichkeit. Wenn Sie ein blitzschneller Kombinierer sind (was in unserer Branche allerdings selten ist), müssten Sie jetzt feststellen, dass 70 % aller Führungskräfte völlig ungeeignet sind und wir landen wie eingangs dieses Buches erwähnt wieder bei unseren 30 %. Jene 30 % die ihre Aufgabe richtig verstanden haben.

Müssen Ihre Mitarbeiter Sie mögen?

Ein weiterer Satz den Sie sich merken sollten:

Ein Vorbild muss nicht immer nett sein.

Die Kunst von anderen Menschen respektiert zu werden liegt darin, sich manchmal unbeliebt zu machen. Versuchen Sie also nie „Everybodies darling“ zu sein. Wenn Sie es erst einmal geschafft haben, sich vom Gedanken es Jedem recht machen zu müssen verabschiedet haben, haben Sie endlich die Freiheit erlangt, alles sagen zu können was Ihnen auf dem Herzen liegt. Damit meine ich nicht die praktische Umsetzung des Spruches „Ist der Ruf erst ruiniert, dann lebt es sich ganz ungeniert“, sondern die Tatsache, dass die Hemmschwelle über Sachen zu reden, die Sie stören, sinken muss.

Eine der wichtigsten Rolle die Sie als Führungskraft haben ist jene, Ihre Mitarbeiter gleichermaßen zu fördern und zu fordern. „Fördern und fordern“ sind übrigens auch im Schulwesen Schlagworte die zurzeit hoch im Kurs sind. Beschränkte sich die Aufgabe des Lehrenden über viele Jahre hinweg auf die Vermittlung von Wissen und eine größtmögliche Aufrechterhaltung von Disziplin, sind nach heutigem Wissensstand ganz andere Dinge gefragt. Dies bedeutet, dass Sie das enorme Potential, welches zweifellos in den Mitarbeitern/Schülern steckt, nutzen sollten und nicht allein auf einsamer Flur herumdoktern um dann mit Erschrecken festzustellen, dass alles umsonst war, weil niemand Sie in Ihrem Handeln unterstützt.

Es gilt also Mitarbeiter so gut wie möglich dabei zu unterstützen besser zu werden. Ich persönlich glaube nicht, dass sich Menschen durch ständiges Lob weiterentwickeln können (besonders wenn es ständig Lob für mittelmäßige Leistung gibt). Vielmehr liegt die Aufgabe der Führungskraft darin, möglichst objektive Kritik in angemessenem Ton zu deponieren.

Sie sind der Trainer. Sie sind der Coach! Ein Coach sagt Leuten wie gut oder wie schlecht er ihre Leistung findet und bietet Hilfe und Unterstützung an. Was im Sport gang und gäbe ist, hat sich in der Arbeitswelt leider noch nicht überall herumgesprochen, im Gastgewerbe schon gar nicht.

Durch einen patriarchischen Führungsstil kann kaum verwirklicht werden, dass Ihr Mitarbeiter zur Höchstform aufläuft. Dieser Führungsstil könnte in Kurzform so beschrieben werden:

Der Chef denkt, die Mitarbeiter machen. Hier wird das Mitarbeiterpotential in keinster Weise genutzt, da das Klima oft von Angst und der Innovationsbremse „überhöhte Disziplin“ gekennzeichnet ist.

Ein kollegialer Führungsstil (jeder ist gleich) funktioniert im Gastgewerbe ebenfalls nur sehr selten, da dieser Stil voraussetzt, dass sich alle ungefähr auf demselben Wissenslevel befinden. In Entwicklungsteams ist das sicherlich praktikabel, nicht aber in unserer Branche.

Es nützt auch nichts, wenn Sie einen der Führungsstile, wie sie, wie vorhin erwähnt, in unzähligen Büchern aufgezählt werden, blind nachahmen ohne dabei Ihre wahre Persönlichkeit mit ins Spiel zu bringen.

Führungskräfte müssen authentisch wirken.

Sie sollten sich wieder mehr auf Ihren inneren Instinkt verlassen. Das würde ich mir übrigens auch von Lehrern erwarten die mit ihrer „Kuschelpädagogik“ mehr Schaden als Nutzen anrichten. Vielleicht haben Sie es bis dato noch nicht registriert, aber Lehrende sind ebenfalls Führungskräfte.

Von Quereinsteigern, Juniorchefs und selfmade-Führungskräften:

Nur wer geführt worden ist, verdient es zu führen. Glauben Sie diesen Spruch? Wie ich es eingangs dieses Buches bereits erwähnt habe, verfügen Menschen die die Basis unserer Branche als einfache Köche, Restaurantfachleute oder an der Rezeption kennen gelernt haben im Grunde genommen über ein gutes Feeling wenn es darum geht Menschen bzw. Mitarbeiter zu führen. Das ist zumindest meine Meinung. Der Schuss kann jedoch auch nach hinten los gehen, da viele Führungskräfte in jungen Jahren bereits sehr schlechte Erfahrungen machen mussten und sich dann vornehmen, es selbst einmal anders zu machen als ihre früheren Vorgesetzten. Die Ironie bei diesem Vorhaben ist jene, dass ein negativ formuliertes Ziel (ich möchte nie so werden wie…) meist in genau jene Richtung geht, die man eigentlich nicht angestrebt hat. Schnell merken diese Nachwuchsführungskräfte, dass mit gutem Zureden und Nettigkeiten bei ihren Mitarbeitern wenig zu erreichen ist. Dann kehren sie rasch zurück zu einem patriarchischen, diktatorischen Führungsstil und siehe da: „Diese Sprache verstehen viele Mitarbeiter dann!“

Wie verhält es sich nun bei Führungskräften, die selbst nie geführt worden sind z.B. Führungskräfte mit Studium die der Verlockung eines lukrativen Jobangebots in einem Tourismusbetrieb nicht widerstehen können? Angesprochen können sich auch „Juniorchefs“ fühlen, die durch die Familie in den Stand einer Führungskraft quasi hineinwachsen. Über welche Eigenschaften ein guter „Chef“ verfügen muss, habe ich bereits erwähnt. Die Frage die sich einem nun natürlich auf-

drängt. Verfügen diese Menschen über diese Eigenschaften? Oft sind die sogenannten Juniorchefs doch verhätschelte und vertätschelte Weicheier die mangels Zeit der Eltern in ihrer Kindheit statt gemeinsamer Freizeit mit ihren Eltern, Geld oder Konsumgüter erhalten haben. Sie mussten nie um etwas kämpfen. Ihre Wünsche wurden erfüllt, noch ehe sie sie formuliert hatten. Aus eigener Erfahrung weiß ich wie unglaublich unfähig diese „Nachwuchschefs“ manchmal sein können. Die gnadenlose Selbstüberschätzung vieler Juniorchefs wird nur noch durch die ausgeprägte Unfähigkeit sich in „einfache“ Mitarbeiter hineinzuversetzen übertroffen. Viele von diesen Personen hätten es, gäbe es ihre Eltern nicht, nie zu etwas gebracht, geschweige denn einen Betrieb eröffnet. Sollten Sie zu dieser Gruppe zählen und sich nun persönlich angegriffen fühlen, habe ich genau das erreicht was ich wollte. Ich möchte, dass Sie auf den Boden der Tatsachen zurückkehren, sich niemals über andere Menschen stellen, und sich sozusagen zu einer guten Führungskraft „qualifizieren“, damit Sie Ihren „Titel“ auch aufrechten Hauptes tragen dürfen.
Ich habe selbstverständlich auch Betriebsnachfolger kennengelernt, die ihr Handwerk wirklich verstehen und bestimmt gute Leute sind. Leute aus der Hotellerie sind da oft um einiges professioneller aufgestellt als aus der Gastronomie. Ich möchte keinesfalls alle in einen Topf werfen.

Ursachenanalyse für die hohe Fluktuation im Gastgewerbe

Fallbeispiel:

Ein neuer Mitarbeiter stellt sich in Ihrem Betrieb/Abteilung vor. Sie erzählen ihm alles Mögliche über Ihren Betrieb. Von einer Stunde Vorstellung reden Sie ca. 50 Minuten. (Zwischenfrage: „Wissen Sie jetzt mehr über den Mitarbeiter?) Sie erklären dieses und jenes, wie es im Betrieb so läuft und am Schluss landen Sie bei der Entlohnung. Der Mitarbeiter erklärt sich einverstanden und tritt ins Unternehmen ein. Übrigens: Beim Vorstellungsgespräch haben Sie natürlich versucht so sympathisch wie möglich zu wirken.

Einige Wochen sind vergangen und Sie beobachten (natürlich im Vorbeigehen) die Leistung die der „Neue“ bringt. Nur widerwillig verrichtet er einige Tätigkeiten, da sie angeblich nicht zu seinem Aufgabenbereich gehören. Sie sind unzufrieden, warten jedoch mit Ihrer Reaktion. Es kann ja noch besser werden. Sie fragen Kollegen über den Mitarbeiter aus und stellen fest, dass auch diese dem „Neuen“ nicht gerade wohl gesonnen sind. Auch die Freizeitgestaltung des Mitarbeiters scheint wenig angepasst an die hohen Anforderungen im Beruf. Sauforgien und durchzechte Nächte im Kreise weiterer Mitarbeiter zählen zur Normalität.

Einige Krankenstände später...

Nun sind wieder einige Wochen vergangen und Ihnen platzt jetzt einmal der Kragen. Während vollem Geschäftsgang kommt es zum Eklat. Einige Tage darauf weist Sie der Mitarbeiter darauf hin, dass etliche Überstunden angefallen sind. Überstunden? Was ist das, fragen Sie sich.

Wieder einige Wochen später kündigt der Mitarbeiter unter Einhaltung der gesetzlichen Kündigungsfrist, die er, wie könnte es auch anders sein, im Krankenstand verbringt. Sie stellen ein „schlechtes“ Zeugnis aus und versuchen die schlechte Erfahrung aus Ihrem Gedächtnis zu streichen.

Schnell sind Ihre Gedanken zusammengefasst:

- Gut, dass er weg ist aber, wo bekomme ich jetzt einen Ersatz her, Weichei, Sensibelchen, Idiot, Stundenreiter, zu wenig Fachwissen, unbrauchbar, halt typisch Gastgewerbler etc.

Schnell sind auch die Gedanken des Mitarbeiters auf den Punkt gebracht:

- Ausbeuterei, Ausnutzerbetrieb, Warum soll ich gratis arbeiten, Scheiß Gastgewerbe, jetzt geh ich erst mal stempeln.

Wir sind hier also mit zwei völlig verschiedenen Wirklichkeiten konfrontiert. Der Frage nachzugehen, welche der beiden nun wirklich stimmt ist schwierig. Wissen Sie es?
Kommt Ihnen diese Sache irgendwie bekannt vor? Waren Sie in diesem Szenario der Mitarbeiter oder der Chef? Vielleicht haben Sie auch nur aus sicherer Entfernung ein solches Szenario in Ihrem Betrieb beobachtet.

Stellen wir uns nun die Frage was in diesem Beispiel schief gelaufen ist, welche Fehler gemacht wurden:

Erster Fehler:

Der erste Fehler wurde bereits beim Vorstellungsgespräch gemacht, da Sie zu viel gequatscht und zu wenig zugehört haben. Wir wollen ja wissen mit wem wir es zu tun haben, wie sich der neue Mitarbeiter die Arbeit bei uns vorstellt, welches Vorwissen er mitbringt und welchen Beitrag er zu unserem Teamerfolg leisten kann.

Mein Tipp:

Stellen Sie mindestens 30-50 Fragen und notieren Sie mit. Fragen Sie speziell nach, was ihm an seiner letzten Arbeitsstelle nicht gefallen hat. Wenn Sie beim letzten oder vorletzten Arbeitgeber nachfragen, wundern Sie sich nicht, wenn Sie viel Schlechtes zu hören bekommen. Sie wissen ja: „Ein hoher Prozentsatz der Mitarbeiter hat ein völlig verzerrtes Selbstbild, neigt zur gnadenlosen Selbstüberschätzung und im Falle einer Kündigung ist selbstverständlich immer der Arbeitgeber schuld. Tatsache ist aber, dass in 2 von 3 Fällen einfach die mangelnde Arbeitsleistung und Verlässlichkeit, sowie die katastrophale Freizeitplanung der Mitarbeiter schuld am Austritt sind. Rechnen Sie also damit, dass Sie nichts Gutes zu hören bekommen."
Nun drängt sich natürlich die nächste Frage auf. Sollen wir den „vorbelasteten" Mitarbeiter einstellen oder nicht. Mein Ratschlag: Geben Sie ihm eine Chance, aber reden Sie nochmals mit ihm. Heute beginnt ja

bekannterweise die Zukunft und durch den Mangel an qualifizierten Arbeitskräften nimmt man sowieso alles was aufrecht gehen kann. Traurig aber wahr.

Zweiter Fehler:

Sie waren zu nett. Ehrlicher wäre es gewesen, dem Mitarbeiter klipp und klar zu sagen, was Sie in Ihrem Betrieb/Abteilung von ihm erwarten. Sie sollten ihm auch sofort die Konsequenzen aufzeigen, wenn gegen gewisse Regeln und Standards der Unternehmenskultur verstoßen wird (Sind keine schriftlichen Regeln oder Standards festgelegt, dann sollten Sie schleunigst welche entwickeln!)

Mein Tipp:

Sie hätten klar auf Ihre Rolle als Führungskraft hinweisen sollen.

Beobachten, unterstützten, bewerten, helfen.

Bereiten Sie ihn darauf vor, dass Situationen kommen werden, in denen Sie ihn kritisieren bzw. disziplinieren müssen. Dies ist ein Bestandteil Ihrer Tätigkeit als Führungskraft. Nochmals, Sie bekommen Geld, damit Sie Ihren Mitarbeitern regelmäßig sagen wie gut oder schlecht sie sind. Sagen Sie ihnen bereits bei der Einstellung, dass falls dieser wahrscheinliche Fall eintritt, Ihre Kritik nie persönlich gemeint ist, sondern immer die jeweilige Situation gemeint ist. Dies ist wichtig, da der künftige Mitarbeiter nun genau weiß, was auf ihn zukommt. Es macht nichts, wenn er sie danach für eine kurze Zeit ein bisschen weniger mag.

Klar, dass es nichts bringt, wenn Ihre Aussagen nur Lippenbekenntnisse sind und Sie später nicht imstande sind Kritik so anzubringen, dass Sie die Person des Mitarbeiters nicht verletzt. Noch ein Tipp: Erwarten Sie nicht zu viel von Ihren Mitarbeitern. Sie dürfen nicht damit rechnen, dass dieser genauso professionell Kritik anbringt oder entgegennimmt. Woher sollten sie das auch können? Von zuhause oder gar aus dem letzten Betrieb? Leben Sie es ihnen vor, ok!

Dritter Fehler:

Sie haben dem neuen Mitarbeiter nicht genau gesagt, welche Tätigkeiten er im Rahmen seiner Position verrichten muss und welche nicht. Vielleicht haben Sie es mündlich versucht. Dies führt in den meisten Fällen aber nicht zum gewünschten Erfolg, da der Mensch ja vergesslich (und manchmal auch doof) ist.

Mein Tipp:

Erstellen Sie, als professionell arbeitende Führungskraft für jede einzelne Position eine detaillierte Stellenbeschreibung. Die zu verrichtenden Tätigkeiten werden in Haupt- und Nebenaufgaben eingeteilt. Schreiben Sie alles hinein was Ihnen einfällt. Einige Muster von gelungenen Stellenbeschreibungen finden Sie im Anhang. Sollten Sie sich die Mühe gemacht haben eine solche Stellenbeschreibung anzufertigen, haben Sie, bildlich gesprochen, bereits die „Straße" angelegt, auf der sich der Mitarbeiter bewegen soll. Er weiß nun, was von ihm erwartet wird, welche Tätigkeiten er zu verrichten hat und welche nicht. Er weiß von welcher Stelle er Befehle entgegennimmt, wen er im Notfall ersetzten muss und durch wen er in seiner Abwesenheit vertreten wird.

Eine Stellenbeschreibung bildet die Straße auf der sich Ihre Mitarbeiter bewegen sollen/können.

Eine Straße ohne Leitplanken gilt als unsicher. Ebenso ist es im Berufsleben. Die Straße, die vom Mitarbeiter beschritten wird, wird von Ihnen in der Stellenbeschreibung festgelegt, die Leitplanken sind klare, für alle Mitarbeiter nachvollziehbare Spielregeln. Sie müssen sich also die Mühe machen genaue Regeln niederzuschreiben (siehe Muster im Anhang), denn wenn der Mitarbeiter nicht weiß, was er machen darf und was unerwünscht ist, steht es Ihnen nicht zu, ihn später dafür zurecht zu weisen. Regeln können manchmal hart sein. Sie können auch hineinschreiben, dass im Falle einer mehrmaligen Verspätung die Kündigung droht.

Gehen wir nochmals zurück zum Moment des Vorstellungsgesprächs in unserem Fallbeispiel. Stellen Sie sich vor, dass der Mitarbeiter bereits beim Vorstellungsgespräch die Stellenbeschreibung und einen Katalog mit Spielregeln ausgehändigt bekommt. Sie geben ihm also die Gebrauchsanweisung für seine neue Arbeitsstelle.
Erstens wird diese Vorgangsweise vom Mitarbeiter als äußerst professionell empfunden (man hat sich schließlich Gedanken gemacht) und zweitens erleichtert es seine Einarbeitung in die neue Position enorm. Wenn Sie noch etwas drauf setzen wollen, händigen Sie dem Bewerber zusätzlich einen Muster-Arbeitsvertrag aus. Dies deshalb, weil es oft vorkommt, dass der Mitarbeiter bereits einige Wochen beschäftigt ist, jedoch keinerlei schriftlichen Abmachungen getroffen wurden. Lassen Sie den Vertrag, wenn nötig, von der jeweiligen Interessensvertretung überprüfen um sicher zu gehen, dass dieser dem gesetzlichen Rahmen entspricht.
Haben Sie diese Vorschläge ernsthaft umgesetzt, sollte der Mitarbeiter nun besser darauf eingestellt sein was ihn erwartet. Übrigens: Kündigungsgrund Nr. 1 ist der Umstand, dass die meisten Mitarbeiter andere Vorstellungen vom neuen Job haben, als es dann tatsächlich ist.

<u>Vierter Fehler:</u>

Beim Vorstellungsgespräch wurden sensible Themen wie Überstunden, Zeitausgleich, Feiertagszuschläge etc. zu ungenau oder gar nicht besprochen.

<u>Mein Tipp:</u>

Für den wahrscheinlichen Fall, dass Sie als Unternehmer nicht alle gesetzlichen Vorgaben (Überstundenaufschläge, Feiertagszuschläge, Zeitausgleich...) einhalten können, weil dadurch kein positives Betriebsergebnis erreichbar ist - sagen Sie es Ihrem künftigen Mitarbeiter bereits beim Vorstellungsgespräch. Sagen Sie ihm also ehrlich, dass es Ihnen nicht möglich ist einen Feiertagszuschlag in Höhe von 100 % auszubezahlen, sondern dass Sie ihm einen angemessenen Zeitausgleich z.B. zu Saisonende anrechnen. Sagen Sie ihm, wie viele Überstunden im Arbeitsvertrag inkludiert sind und wie Sie darüber hinausgehende Arbeitszeit gedenken abzugelten. Früher oder später wird dies sowieso Thema im Rahmen des Arbeitsverhältnisses sein. Dumm ist es nur, wenn dies erst nach der Kündigung in Form diverser Schreiben von und an die Arbeiterkammer (= Interessensvertretung der Arbeitnehmer in Österreich) diskutiert wird. Der Unternehmer wird dann meist wieder als geiziger, unehrlicher Mensch, der seine Mitarbeiter ausnutzt, dargestellt.

Fünfter Fehler:

Sie erkundigen sich hinter dem Rücken des Mitarbeiters über dessen Arbeitsleistung und Situation.

Mein Tipp:

Erkundigen Sie sich nie, oder schimpfen Sie nie bei Arbeitskollegen über den betreffenden Mitarbeiter. Sie werden dann als hinterhältig und falsch angesehen. Gehen Sie immer den direkten Weg Richtung Mitarbeiter. Vereinbaren Sie einen Gesprächstermin und sprechen Sie auftretende Probleme möglichst rasch an. Achten Sie dabei auf einen angemessenen Ton und werden Sie nicht persönlich.

Sechster Fehler:

Der Mitarbeiter ist bei der Einarbeitung auf sich alleine gestellt. Sind wir doch ehrlich. Oft bleibt keine Zeit um sämtlichen neuen Mitarbeiter genau in ihre Position einzuarbeiten. Zuviel wird vorausgesetzt, zu wenig gezeigt, Standards gibt es keine oder diese werden nicht entsprechend kommuniziert. Dabei wären die vorhin erwähnten Maßnahmen

(Stellenbeschreibung + Regeln) bereits wertvolle Instrumente, die die Einarbeitung erleichtern. Oft erfährt der Mitarbeiter erst am Ende der Saison oder beim Austritt wie gut oder schlecht seine Arbeitsleistung war. Ein bisschen spät, oder?

Mein Tipp:

Ich fordere Sie hiermit auf, professioneller in diesem Bereich vorzugehen. Egal ob Sie der Küchenchef, der Serviceleiter oder der Unternehmer sind.

Spätestens 2-3 Wochen nach Eintritt sollten Sie ein kurzes Gespräch mit dem neuen Mitarbeiter führen. (Inhalte: Wie geht es?, Wo gibt es Probleme?, Vorschläge, Änderungswünsche, erste Rückmeldung unsererseits wie die Arbeitsleistung des neuen Mitarbeiters bisher empfunden wird, usw.) Tragen Sie sich diesen Termin in Ihren Kalender ein, damit Sie ihn nicht vergessen!

Führen Sie regelmäßige Mitarbeitergespräche auf Basis von kontinuierlichen Beobachtungen durch. Keine Zeit für so was? Typisch Gastgewerbe.
Ich denke, dass die meisten Leser von diesem Thema überhaupt keine Ahnung haben, denn die meisten Führungskräfte stecken ja dermaßen im operativen Tagesgeschäft drinnen, dass sie sich nicht noch um solche, scheinbar nebensächliche Sachen kümmern können. Ein fataler Fehler, was durch die hohe Austrittsquote in den ersten Monaten zweifellos belegbar ist. Statt viel Geld in Stelleninserate zu investieren, sollten Arbeitgeber ihren Fokus verstärkt auf die Pflege der Mitarbeiter legen.

Warum Führungskräfte auf das Denken verzichten

Zum Nachdenken...

Operative Hektik ersetzt geistige Windstille

... oder die Geschichte der Holzfäller:
Zwei Männer sind im Wald um Bäume umzusägen. Die beiden schaffen ca. 20 Bäume pro Tag. Leider ist das Sägeblatt stumpf und vor lauter Arbeit wird diesem Umstand kein besonderer Stellenwert beigemessen.
Als jemand vorbeikommt und den beiden Arbeitern bei der Arbeit zusieht, gibt er ihnen folgenden Tipp:
„Wenn ihr euer Sägeblatt schärfen würdet, könntet ihr täglich mehr Bäume fällen und dennoch früher nach Hause gehen. Wie wäre das?"

Einer der Männer antwortet: „Keine Zeit"

Dieses Beispiel ist typisch für unsere Branche. Die Leute wurschteln herum und keiner käme auf die Idee dringend anstehende, notwendige Veränderungen einzuleiten. Da durch Mitarbeiterengpässe und Stoßzeiten alle enorm unter Druck stehen, wird auf das „Denken" völlig verzichtet. Führungskräfte und Mitarbeiter „roboten" sich durch die Saison, keiner kennt das Ziel. Auch hier wieder - ein Armutszeugnis für die gesamte Branche.

... und wer ist Schuld. Die Führungskraft natürlich. Sie, Sie ganz alleine.

Führen Sie die Mitarbeitergespräche ruhig und überlegt.

Damit Sie die Leistung Ihrer Mitarbeiter beurteilen können, müssen Sie diese über einen längeren Zeitraum beobachten. Hilfreich sind auch schriftliche Notizen, um die Beobachtungen zu dokumentieren. Sie sollen auch keine Problemsituation zum Anlass nehmen ein solches Mitarbeitergespräch (meist zwischen Tür und Angel, wenn möglich noch in der Stoßzeit) zu führen. Im Fallbeispiel zu Beginn dieses Kapitels wird genau jene Situation beschrieben, wie Kritik keinesfalls angebracht werden sollte (in Form eines lautstarken Streits nämlich). Nichts desto trotz wird es tagtäglich so praktiziert. Der Grund ist jener, dass die meisten Führungskräfte nicht annähernd über jene sozialen Kompetenzen verfügen, die sie für die Ausübung ihrer Funktion benötigen würden. Im Gegenteil: Ein Fäkalwortschatz hat sich vor allem im Küchen- und Servicebereich breit gemacht. Jeder gegen jeden, zerstörerisch und unversöhnlich. Die Leute montieren sich gegenseitig ab, die Führungskräfte schauen nur zu und tolerieren das bzw. bewegen sich auf demselben Niveau wie ihre Mitarbeiter.

Nichts sagen, heißt für mich „Ja sagen".

Lernen Sie also, falls Sie es noch nicht können, gewisse Regeln im Umgang untereinander zu definieren. Greifen Sie ein, wenn der Ton sich verschärft und sagen Sie den Mitarbeitern klipp und klar, dass Sie ein solches Verhalten nicht dulden.

Wie sieht gutes Feedback aus?

Es gibt verschiedene Eigenschaften die einen „guten" Mitarbeiter auszeichnen.

Eigenschaften:	Voll erfüllt	großteils erfüllt	teilweise erfüllt	mangelhaft erfüllt
Pünktlichkeit				
Verlässlichkeit				
Flexibilität				
Optik (vor allem in der Adjustierung)				
Motivation				
Einstellung gegenüber Veränderungsprozessen				
Kreativität				
Einhaltung der Standards				
Tonalität				
Teamfähigkeit				
Hilfsbereitschaft				
Kostensensibilität				
Fachwissen				
Führungskompetenz				
Loyalität				
usw.				

All diese Eigenschaften werden im Idealfall vom Mitarbeiter

- zur Gänze,
- großteils,
- teilweise
- oder mangelhaft erfüllt.

Eine gute Rückmeldung für Ihren Mitarbeiter entsteht dann, wenn Sie diesen, wie gesagt über einen längeren Zeitraum genau beobachten und ihm zu einem im Voraus vereinbarten Termin, eine Rückmeldung über seine Arbeitsleistung geben. Gemessen an den Stärken und Schwächen eines jeden Mitarbeiters sehen Sie nun rasch, wo Förderungsbedarf besteht und wo bereits die Soll-Vorgaben erreicht oder sogar übertroffen werden. Berechtigte Kritik an einem Ihrer Mitarbeiter zu üben gehört nun einmal zu Ihrem Aufgabengebiet als Führungskraft. Wenn Sie als Führungskraft nicht in der Lage sind Kritik wohlwollend zu formulieren, dann hilft Ihnen der beste Vordruck nichts. Ich persönlich glaube, dass dies eines der Hauptprobleme unserer Branche ist und mit ein Grund für die hohe Fluktuationsrate.

Arbeiten Sie also mit einem ähnlich dem vorher abgebildeten Vordruck und nehmen Sie sich mindestens 2-mal pro Jahr ein paar Minuten Zeit um Ihre Mitarbeiter über ihre Arbeitsleistung zu informieren.

Für den Fall, dass der Mitarbeiter Sie dennoch verlässt

Wenn die Situation eintritt, dass sich das Unternehmen von einem Mitarbeiter trennen möchte bzw. der Mitarbeiter die Kündigung einreicht, dann zeigen Sie Größe und vermitteln Sie Ihrem Mitarbeiter das Gefühl, dass Sie es sich anders gewünscht hätten und dass Ihnen der Austritt leid tut. Es kann ja mehrere Ursachen haben, warum Ihr Mitarbeiter geht. Oft verlässt Sie jemand nicht wegen dem schlechten Klima (welches sich die Mitarbeiter übrigens oft selbst bescheren), sondern um seinen nächsten privaten und beruflichen Zielen nachzujagen.
Für den seltenen Fall, dass Sie es sich leisten können - kündigen Sie einen Mitarbeiter, falls dieser überhaupt nicht in Ihr Konzept passt bzw. alle vorgegebenen Standards ständig oder zum wiederholten Male ignoriert. Weisen Sie diesen jedoch rechtzeitig bei einem Ihrer regelmäßig stattfindenden Mitarbeitergespräche darauf hin, dass es nun an ihm liegt, die Missstände zu beseitigen. Sagen Sie ihm/ihr auch, dass Ihnen ein solcher Schritt leid täte.

Fachwissen versus soziale Kompetenzen

Sprechen wir das Thema Fachwissen an. Natürlich bildet ein entsprechendes Fachwissen die Grundlage, damit jemand seinen Job zufriedenstellend ausüben kann. In vielen, modernen Betrieben steht das erworbene Fachwissen jedoch nicht mehr an erster Stelle, wenn es um die Einstellungskriterien neuer Mitarbeiter geht. Die professionellen Standards können in Form von hausinternen Trainings jedem Mitarbeiter beigebracht bzw. antrainiert werden. Das Problem ist nur: „In vielen Betrieben finden solche Schulungen überhaupt nicht statt!" schlimmer noch - es existieren keinerlei Standards. (Bei Situation x erfolgt Handlung y) Ist dies nicht der Fall, rate ich Ihnen das Kapitel 16, „Qualitätsstandards im Gastgewerbe" genau durchzulesen um dieses Defizit schnellstmöglich zu beseitigen.

Jetzt fällt das Stichwort „Soziale Kompetenzen". Haben Sie schon darauf gewartet oder geht es Ihnen wie mir, dass Sie dieses Wort schon nicht mehr hören können. Ich habe bereits schon darüber gewettert, dass diese Eigenschaften heutzutage keineswegs vorausgesetzt werden dürfen. Für das Gastgewerbe gilt das ganz besonders.
Das Hauptproblem vieler Mitarbeiter und auch Führungskräfte ist aber zweifellos deren überzogene Selbsteinschätzung. Das ganze Leben wurden manche Leute für ihre durchschnittlichen Leistungen überdurchschnittlich belohnt bzw. gelobt. Sich selber richtig einzuschätzen, seine Stärken zu zeigen und permanent an seinen Schwächen zu arbeiten ist auch eine soziale Kompetenz die für ein „Miteinander" im Team besonders wichtig ist.
Als Vorgesetzter haben Sie die Verpflichtung, dem Trend der Selbstüberschätzung entgegenzutreten. Sagen Sie den Mitarbeitern klipp und klar, was Sie von ihren Leistungen halten. Das ist manchmal sehr bitter, jedoch unglaublich heilsam, vorausgesetzt der Kritik geht ein notwendiger Grundrespekt dem Menschen gegenüber voraus.
Auch bei jungen Menschen, welche gerade dabei sind ihre Ausbildung zu beenden, bemerkt man diese Fehleinschätzung, was das eigene Können betrifft. Einige Lehrlinge denken nach Absolvierung Ihrer Lehrab-

schlussprüfung wirklich, dass Ihr Marktwert nun unglaublich hoch ist. Ich persönlich denke jedoch, dass ein Koch oder Restaurantfachmann bzw. Hotel- und Gastgewerbeassistent mit Lehrabschluss maximal den Kollektivlohn wert ist.

Aus Erfahrung weiß ich, dass nur wenige Lehrlinge das Glück hatten, auf kompetente und ihnen wohlgesonnene Führungskräfte zu stoßen. So kommt es zeitweise vor, dass Drittklässler nicht einmal die Basics im Küchen-, Service- und Rezeptionsbereich beherrschen. Fragt man genauer nach erfährt man die nackte Wahrheit. Die kennen Sie genauso gut wie ich und ich bin bereits zu Beginn des Buches darauf eingegangen. Statt sich ständig über die mäßigen Leistungen der nachrückenden Generation zu beschweren, sollte man diesen lieber schon in der Ausbildung verschiedenste Basisfertigkeiten beibringen und sie nicht zur Hilfskraft degradieren. Es mangelt also oft auch schon in der Ausbildung an der Vermittlung von fachlichen und sozialen Basiskompetenzen.

In Zukunft wird dann dieser mehr oder weniger gut ausgebildete Mensch seinen Marktwert durch den Besuch von zahlreichen Weiterbildungen selbst bestimmen können. Das Angebot ist ja schier unendlich. Die Verlockung für den jungen Menschen, beispielsweise einen Jungkoch liegt nahe, sich gleich in der erstbesten Junkfood Küche zu bewerben in der er für unqualifizierte Arbeit überdurchschnittlich entlohnt wird. Er wird brav seine Hühnerflügel und Chicken Nuggets mit Pommes in die Friteuse hängen und beim tausendsten Mal wird ihm oder ihr vielleicht das ganze Leben durch den Kopf gehen, aber was soll es. Geld ist eben Geld.

Ironisch wird es dann, wenn sich genau jene Leute Jahre später über das niedere Lohnniveau aufregen. Komischerweise sind es immer jene Menschen die oft die falschen Entscheidungen in ihrem Leben getroffen haben. Sie haben die Lehre abgebrochen oder den Werdegang, wie ich ihn vorhin beschrieben habe, beschritten.

Lustigerweise regen sich diese Menschen dann über die hohe steuerliche Belastung auf, die in Österreich aber auch in unseren Nachbarländern herrschen. Nur zur Information. Einkommensbezieher bis zu einer Höhe von ca. € 1.200,-- brutto zahlen in diesem Land überhaupt keine Steuern. Alles was ihnen vom Lohn abgezogen wird, sind Sozialversicherungsbeiträge (z.B. Krankenversicherung), die, so ungesund wie die Gastgewerbler leben, irgendwann einmal nicht ausreichen um die Kosten, die sie produzieren, abzudecken.

Gehen Sie bei der Einstellung Ihrer Mitarbeiter davon aus, dass diese starke Defizite in Sachen „Sozialkompetenzen" aufweisen.

Auch massive Geldprobleme stehen auf der Tagesordnung. Echte Hobbys haben nur wenige.
Jetzt wird es etwas schwierig, denn wenn die Fachkenntnisse bei der Einstellung neuer Mitarbeiter nicht mehr das Maß aller Dinge sind und die sozialen Kompetenzen vieler dieser Menschen verkümmert sind - warum sollte man diese Menschen dann überhaupt einstellen?
Jetzt nähern wir uns dem Kernproblem unserer Branche. Wir brauchen Mitarbeiter und kriegen keine anderen als die eben genannten.
Es lebe die Öffnung des Arbeitsmarktes für neue EU-Länder. Diese Menschen können einheimischen Mitarbeitern zwar fachlich kaum das Wasser reichen, deren sozialen Fähigkeiten kann ich leider nicht beurteilen. Eines haben diese Menschen jedoch uns Mitteleuropäern voraus. Sie sind, bildlich gesprochen, jedoch noch nicht so „sattgefressen" wie unsere Leute. Sie sind bereit für ihr berufliches und privates Weiterkommen hart zu arbeiten und tragen nicht jeden Cent ins Wirtshaus oder Spielcasino wie unser einer.
Sie haben Zukunftspläne und zählen meist nicht mit 40 Jahren zu den gestrandeten Individuen, ohne Ersparnis oder Familie, wie ein hoher Prozentsatz jener einheimischen Fachkräfte, die der Branche nicht nach einigen Jahren den Rücken zukehren.

Mitarbeitermotivation und was ich persönlich von Belohnungssystemen halte

Wir unterscheiden zwischen der intrinsischen und der extrinsischen Motivation:

Intrinsische Motivation:

Diese Motivationsfähigkeit steckt in jedem Menschen von Geburt an. Der Mensch ist von Natur aus neugierig und Neuem gegenüber aufgeschlossen. Durch Erziehungs- und Beschulungsfehler wird diese Motivation leider oft schon im Kindesalter „gekillt". Die intrinsische Motivation braucht keine Anreize, keine Belohnung, sie ist einfach da. Bei zahlreichen Mitarbeitern muss man verdammt lange nach dieser Art der natürlichen Motivation suchen. Warum ist diese abhanden gekommen? Was ist im Betrieb, wahrscheinlich aber schon weit in der Vergangenheit der betroffenen Person, passiert?

Ein Beispiel wie intrinsische Motivation zerstört wird

Eine motivierte Mitarbeiterin hat eine Vorliebe für das Dekorieren von Räumlichkeiten. Ohne dazu angehalten zu werden, bringt sie selbstständig Materialien mit, die sie im Wald und auf der Wiese sammelt. Auch die Gäste bemerken die regelmäßigen Veränderungen im Lokal. Von den restlichen Mitarbeitern wird die Dame belächelt, andererseits jedoch irgendwie für ihren freiwilligen Einsatz bewundert. So ein Aufwand und nur ein kurzes Danke der Geschäftsführung im Vorbeigehen.

Nach einiger Zeit hat die Geschäftsführung den Einfall, dass mindestens 6-mal pro Jahr die Räumlichkeiten neu dekoriert werden müssen. Was vorher für die fleißige Dame selbstverständlich war, wird jetzt zur Verpflichtung. Auch die restlichen Mitarbeiter sind nun gezwungen, Ideen und Vorschläge einzubringen. Raten Sie mal wie sich das auf die Motivation der bis dato engagierten Mitarbeiterin auswirkt.

Nun landen wir unweigerlich wieder beim Schlagwort: „Menschen brauchen Vorbilder." Um die intrinsische Motivation zu aktivieren, müssen Sie als Führungskraft unbedingt Vorbild für Ihre Mitarbeiter sein. Sie dürfen nicht schimpfen, auch wenn Sie Lust dazu hätten. Sie dürfen nicht über Ihren unmittelbaren Vorgesetzten herziehen, auch wenn das manchmal schwer fällt und vor allem - Sie müssen das Unternehmenskonzept leben, vorleben also!

Wenn Sie bemerken, dass gewisse Mitarbeiter Fertigkeiten besitzen, die für Ihren Betrieb Vorteile bringen, dann geben Sie Ihnen die Chance, egal was es ist, diese einzusetzen. Gehen Sie behutsam um, wenn Ihnen das Ergebnis nicht zu 100 % entspricht. Bringen Sie mit viel Einfühlungsvermögen und Wertschätzung Ihre zusätzlichen Vorschläge ein. Geben Sie den Mitarbeitern das Gefühl, dass diese die Spezialisten in diesem Bereich sind.

Wenn Sie Ihr Kollegium als Mitarbeiter oder als Vorgesetzten also bewundert, wenn sie Sie als Person wertschätzen mit Ihren ganzen Stärken aber auch Schwächen, haben Sie erreicht, was nur wenigen Leuten im Gastgewerbe gelingt, nämlich dass die restlichen Mitarbeiter danach streben, zumindest in verschiedenen Bereichen, so zu werden wie Sie und Sie nachzuahmen beginnen. Ist dies der Fall haben Sie die höchste Stufe erklommen die Sie als Führungskraft besteigen können. Willkommen, willkommen im Tourismus des 21. Jahrhunderts.

Wenn Ihre Mitarbeiter danach streben Ihr positives Verhalten nachzuahmen, haben Sie als Führungskraft die höchste Stufe erklommen.

Das Gute dabei: Auch Vorbilder dürfen Fehler unterlaufen. Sie dürfen beispielsweise einmal einen schlechten Tag erwischen, laut werden oder Trauer zum Ausdruck bringen. Der Unterschied zum 0815-Vorgesetzten ist jener, dass Sie nach entsprechenden Überlegungen das Ganze im Nachhinein relativieren. Sie reflektieren Ihr Fehlverhalten. Sie sehen die Ungerechtfertigkeit Ihres Handelns ein und erklären dem betroffenen Mitarbeiter später, warum Sie so reagiert haben. Scheuen

Sie sich auch nicht davor, sich in aller Form für Ihre Fehler zu entschuldigen. Nur Menschen mit wahrer Größe besitzen die Fähigkeit falsches Verhalten einzusehen.
Auch mir platzte in meiner Zeit als Geschäftsführer eines Hotels zeitweise der Kragen. Selten kam es vor, dass mir ein Mitarbeiter dermaßen auf die Nerven ging, dass ich auch mal Dinge sagte, dir mir 5 Minuten später schon wieder leid taten. Am Folgetag entschuldigte ich mich meistens dann beim Mitarbeiter und siehe da. Kein Problem für ihn. Im Gegenteil. Ab diesem Zeitpunkt ging es meistens besser und das Eis war gebrochen. Schließlich hat sich ja ein Lehrer/Vorgesetzter beim Mitarbeiter entschuldigt, und das kommt nicht alle Tage vor, oder?
Wenn wir von Motivation reden, kommt mir unweigerlich ein Gedanke. Warum sind so viele junge Menschen derart negativ eingestellt, wenn es um schulische oder berufliche Leistungen geht. „Das habe ich noch nie gekonnt" und „Ich check es nicht" sind da nur einige Sätze, die ich mir mindestens 20-mal pro Tag anhören muss. Was ist da mit der Motivation passiert? Nicht immer redet der Vorgesetzte im Betrieb oder der Lehrer in der Schule den Schülern ein, dass sie nichts können. Das erledigen die meisten der Menschen, die so denken, schon selbst. Von morgens bis abends ziehen sich diese jungen Leute ständig selbst durch den Dreck.
Ich glaube es ist ein Zusammenspiel zwischen Erfahrungen im Elternhaus und jahrelangen Misserfolgen im Schulalltag was diese beängstigende Einstellung mancher Menschen auslöst. Besonders in den ersten Klassen der Berufsschule ist diese Haltung allgegenwärtig.
Als wachsamer Vorgesetzter benötigen Sie einige Zeit, um diese negative Grundeinstellung bei Mitarbeitern zu bemerken. Wenn es soweit ist, dann reden Sie mit den betroffenen Personen offen darüber. Erklären Sie solche Aussagen (Ich will nicht, ich kann nicht, ich werde das nie lernen…) für tabu. Legen Sie Regeln fest, was Sie sich erwarten, wenn Mitarbeiter an ihre Grenzen stoßen.
Seien Sie sich Ihrer Verantwortung bewusst. Achten Sie auch im Betrieb auf die Sprache Ihrer Mitarbeiter und greifen Sie ein, sollten manche Aussagen (auch interkollegial) den Pfad des guten Geschmacks verlassen. Sie wissen ja: „Nichts sagen, heißt ja sagen."

Junge Menschen zählen auf Sie. An Ihrem Beispiel sollen Mitarbeiter nicht erkennen, wie sie nicht werden wollen. Ironischerweise trifft genau dies in vielen Fällen ein.

Extrinsische Motivation:

Hier wird von „außen" versucht durch die Schaffung zusätzlicher Anreize die Leistung der Mitarbeiter zu verbessern.

Dies kann folgendermaßen geschehen:
- durch Lob
- durch Belohnung
- durch Bestrafung

Leider muss ich Ihnen mitteilen, dass ich von dieser Art der Motivation nicht sehr viel halte. Für Etwas das selbstverständlich ist, bedarf es keinerlei Belohnung. Ich gebe ja auch nicht meinem Kind ein Bonbon, wenn es für mich die Zeitung von der Türe holt. Wir müssen wieder lernen zwischen gewöhnlichen, selbstverständlichen, außergewöhnlichen und überdurchschnittlichen Leistungen zu unterscheiden.

Nicht loben für:
- den Verkauf von Kaffee oder Speisen bei Servicemitarbeitern.
- Kein Lob für Mitarbeiter, die pünktlich sind.
- Keine Streicheleinheiten für Freundlichkeit beim Gast.

Dies sind Leistungen, die der Mitarbeiter durch die Bezahlung des Entgelts einfach erbringen muss.
Man muss sich nicht immer für alles bedanken. Machen Sie Ihren Mitarbeitern das klar und rechnen Sie damit, dass diese Sie wieder ein bisschen weniger lieb haben werden (meist aber nur für kurze Zeit).

Es recht zu machen jedermann, ist eine Kunst die niemand kann.

Unbedingt loben für:

- gewöhnlich vorausgesetzte Leistungen (Pünktlichkeit, Freundlichkeit...) beim regelmäßigen Mitarbeitergespräch, welches in entspannter Atmosphäre stattfinden sollte. Zeigen Sie bei Feierlichkeiten z.B. der Weihnachtsfeier ehrliche Anerkennung für Ihr Team. Beschenken Sie diese nicht nur mit Geld, sondern machen Sie sich Gedanken was ihnen Freude machen könnte. Erfragen Sie deren Hobbys oder Interessen (Weiterbildungsgutscheine, Turnschuhe, Blumen, Einkaufsgutscheine etc.).

- Leistungen, die weit über das gewöhnliche Maß hinaus gehen (z.B. trotz Unterbesetzung waren durch den Einsatz der Mitarbeiter alle Gäste restlos zufrieden, Großveranstaltungen mit Mehrarbeit, Einspringen bei Krankenständen, großartige Tischarrangements, fantastische Speisenqualität...)

Und noch etwas ... versuchen Sie jeweils unter 4-Augen zu loben. Neid ist ja bekannterweise eine schlechte Basis für ein gutes Betriebsklima.

Fazit:

Wenn Sie Ihre Mitarbeiter für alles belohnen wird irgendwann der Tag kommen, an dem diese nichts mehr ohne Belohnung machen werden. Die natürliche, angeborene Motivation ist der Sucht nach ständiger Anerkennung gewichen. Gehen Sie also sparsam um mit Lob und bringen Sie diesen Trumpf ins Spiel, wenn es die Situation erfordert. Vergessen Sie die Geburtstage nicht. Dies ist auch eine Form der Anerkennung.

Belohnen macht süchtig. Man will immer mehr davon und kommt irgendwann nicht mehr davon los.

Der Unternehmer im Unternehmen

Eine weitere Idee möchte ich Ihnen in diesem Unterkapitel liefern. Im Kapitel „Kostenrechnung und Kalkulation“ haben wir uns damit beschäftigt, wie das Betriebsergebnis zahlenmäßig optimiert werden kann. Dabei spielen Ihre Mitarbeiter selbstverständlich eine entscheidende Rolle. Sie könnten sich beispielsweise im Team gewisse Umsatzzielvorgaben setzen. Werden diese erreicht oder übertroffen macht Belohnung wieder Sinn, da alle gemeinsam das Resultat erzielt haben. Voraussetzung für das Funktionieren eines solchen Belohnungssystems ist eine Kosten- und Ertragstransparenz was heißt, dass alle Mitarbeiter regelmäßig über die finanzielle Situation (Umsätze, Kosten...) informiert werden müssen. Das Wissen über entsprechende Kennzahlen setzt ein gegenseitiges Grundvertrauen voraus. Machen Sie Ihre Teammitglieder auf das Betriebsgeheimnis aufmerksam.

Belohnen macht auch Sinn, wenn gewisse Kosteneinsparungspotentiale (z.B. Stromkosten, Wareneinsatz, Reparaturen etc.) durch die Mithilfe des Teams genutzt werden und somit geringere Kosten im Betrieb anfallen. Voraussetzung für die Realisierung eines Beteiligungsmodells sind wiederum monatliche oder ¼-jährliche Zahlenreporte, die die Geschäftsführung im Idealfall selbst, ansonsten die Buchhaltung, liefern kann. Auch hier gilt wieder die Devise „volle Zahlentransparenz“!

Weiterbildung als Motivationslokomotive

Ein weiteres Instrument um Mitarbeiter zu belohnen bietet der Weiterbildungsbereich. Verfügt ein Mitarbeiter nicht vollends über das für die ausgeübte Position notwendige Wissen, wirkt dies im ersten Moment für Sie als Führungskraft oft enttäuschend. Ihre Mitarbeiter können jedoch nicht alles wissen.
Wenn Sie sich die Mühe gemacht haben, eine exakte Stellenbeschreibung für eine Position anzufertigen (siehe Muster im Anhang), haben Sie sicherlich auch die notwendigen Kompetenzen und Kenntnisse hi-

neingeschrieben. Sie werden sich auch über die Entlohnung für den Stelleninhaber Gedanken gemacht haben. Eines gleich vorweg: In den seltensten Fällen verfügen Ihre Mitarbeiter über alle dort aufgezählten Wesensmerkmale und genau hier können Sie ansetzen!

Ein Beispiel:

Ein neuer Küchenchef stellt sich vor und macht an und für sich einen ausgezeichneten Eindruck. Er verfügt über ein fundiertes Wissen im Küchenbereich. Sein einziges Defizit. Er war bis dato nur als Sous-Chef tätig und auch das Wissen im Bereich F&B-Management fehlt.
Wenn Sie nun so vorgehen, wie die meisten Chefs und Geschäftsführer dann sehen Sie über die Defizite hinweg und kaufen den Mitarbeiter für weniger Geld ein, als für diese Position ursprünglich vorgesehen wäre. Was Sie vielleicht noch nicht wissen. Der neue Mitarbeiter wird dermaßen viel Geld in den Sand setzen, dass es von vornherein günstiger gewesen wäre, die Stelle mit einem qualifizierten, und somit wahrscheinlich teurerem Mitarbeiter zu besetzen.

Bleiben wir aber bei unserem jungen Küchenchef. Ihm fehlt also ein Teil des Wissens, den er für die Ausübung der Stelle jedoch dringend benötigen würde - logischerweise ist er auch nicht den Lohn wert, welchen Sie einem hochqualifizierten Mitarbeiter dafür bezahlen würden. Zahlen Sie ihm also weniger und sagen Sie ihm auch ehrlich warum das so ist. Dann stellen Sie ihm Folgendes in Aussicht:

Während dem Jahr und in der Zwischensaison wird er, sofern er es wünscht, einen oder mehrere Weiterbildungskurse besuchen - natürlich bezahlen Sie diese Weiterbildungen oder Sie beteiligen sich zumindest zur Hälfte daran. Vielleicht gibt es auch diverse Förderungsmöglichkeiten.

Auch auf der Homepage www.jobsintourism.at erfahren Sie mehr über individuelle Einzelcoachingmodule für Mitarbeiter.

Wenn der Mitarbeiter diese Kurse nun erfolgreich absolviert hat, bitten Sie ihn darum Ihnen einen Umsetzungsplan zur Implementierung (= Einbau des erworbenen Wissens ins Unternehmen) seines neu erworbenen Wissens vorzulegen. Das wird meist vergessen, denn die erworbenen Kenntnisse sollen ja einen Nutzen für den Betrieb erbringen.

Mit so einem System können Sie auch weniger qualifizierte Mitarbeiter schrittweise zu hoch qualifizierten Mitgliedern Ihres Teams aufbauen. Diese sind dann auch die Entlohnung wert, die ursprünglich in der Stellenbeschreibung definiert wurde und sind meist auch hoch motiviert.

Leider tritt oft der Fall ein, dass Mitarbeiter zwar brav auf Schulungen geschickt werden, wollen diese dann ihr „neues" Wissen in die Praxis umsetzen, fehlt ihnen dann oft die Unterstützung von ganz oben. Sie werden dann eher als unangenehm empfunden, was teilweise mit der Überforderung der oberen Führungskräfte einhergeht. Oft haben diese ja selbst keine Ahnung was die Mitarbeiter im Kurs gelernt haben bzw. verstehen die Thematik selbst nicht ausreichend. Sie selbst werden zu den größten Verhinderern der Umsetzung von neuen Ideen.

Sollten Sie selbst als Führungskraft über ein hohes Fachwissen verfügen, haben Sie natürlich auch die Möglichkeit, Ihren neuen Mitarbeiter persönlich zu schulen. Dies ist jedoch mit erheblichem Zeitaufwand verbunden und oft ist eine externe Schulung vernünftiger. Sie wissen ja: „Der Prophet im eigenen Hause..."

Verschiedene Menschentypen innerhalb Ihres Teams

Wenn Sie mit Menschen arbeiten, werden Sie sicherlich schon deren völlig unterschiedliche Charaktere und Wesensmerkmale kennen gelernt haben. Während der eine Mitarbeiter sofort sein Verhalten aufgrund eines Einzelgesprächs ändert, enttäuscht Sie der nächste und scheint nicht im Geringsten verstanden zu haben was Sie von ihm wollen. Andere wiederum lassen sich wie von alleine führen und arbeiten großteils autonom und selbstständig. Einige benötigen ständige Rückmeldungen über ihre Leistung und zeigen nicht die geringste Eigeninitiative. Haben Sie sich schon gefragt woran das liegen könnte? Sicherlich nicht, weil viele Ihrer Mitarbeiter doof sind, oder? Sie sollten sich also mit dem Gedanken anfreunden, dass wir es, wie übrigens ausnahmsweise in jeder anderen Branche auch, mit unterschiedlichsten Menschentypen zu tun haben. Klar, in unserem Metier ist die Anzahl der „Doofen" unverhältnismäßig höher, ich weiß. Dennoch möchte ich Ihnen in diesem Kapitel ein paar Dinge über die Möglichkeiten aufzählen, mit der Charaktervielfalt Ihrer Crewmitglieder umzugehen.

Choleriker

Dieser Typ Mensch kommt leicht aus der Reserve, und es ist wohl kaum gelogen, wenn ich an dieser Stelle behaupte, dass viele Chefs und Führungskräfte so programmiert sind. Choleriker selbst sind relativ schwer zu führen, da diese negative Energien innerlich oft aufstauen und diese sich dann in Stress-Situationen schlagartig entladen. Meistens leiden die restlichen Mitarbeiter unter dem Verhalten dieser Menschen da sie schwer einschätzbar und oft verschlossen wirken.

Melancholiker

Diesen Typ von Mitarbeiter kennen Sie garantiert. Er sieht alles negativ und stellt sich oft die Frage was der ganze Aufwand soll. Im Prinzip ist er gegen jede Art der Veränderung da sie oft mit unnötigem Aufwand einher geht, der in ihren Augen sowieso nichts bringt.

Auch im Arbeitsalltag kennen wir diesen Menschentyp ebenfalls ganz genau. Es sind jene Leute die prinzipiell zu nichts zu begeistern sind und sich ständig die Frage stellen „Was bringt mir das?“ Verbreitet ist auch die Behauptung „Ich check es nicht“ oder „Ich kann das nicht.“ bzw. „Das habe ich noch nie gekonnt.“ Woher diese Einstellung kommt wollen Sie wissen? Wahrscheinlich wurde diesen Menschen allzu oft gesagt, dass sie Idioten sind und man sie zu nichts gebrauchen kann. Wenn Sie nun Eltern von einem oder mehreren Kleinkindern sind, können Sie, falls es Ihr Ziel ist, einen waschechten Melancholiker, einen Lebensverneiner ganz einfach heranziehen. Sagen Sie Ihrem 2-3-jährigen Kind mindestens 20 bis 50-mal pro Tag, dass es ein Versager ist, dass man ihn oder sie zu nichts gebrauchen kann und dass es alles falsch mache. Am besten informieren Sie die Volksschullehrer dann ebenso von ihrem Ziel. Die Lehrerschaft muss dann Ihrem Kind lediglich jahrelang einreden, dass es z.B. in Deutsch und Mathe zu nichts taugt. Wenn Sie dann noch einige Jahre zuwarten, haben Sie es geschafft. Das Legastheniker- bzw. Dyskalkulieattest erledigt dann den Rest.

Sanguiniker

Diesen Mitarbeitertyp finden wir sehr oft im Servicebereich. Sie brauchen Menschen um ihre Fähigkeiten und Talente unter Beweis zu stellen. Die Anerkennung Anderer zählt zu einem wesentlichen Merkmal eines Sanguinikertyps. Sie stehen gerne und oft im Mittelpunkt. Es sind jene Menschen die bei einer Party die Wortführerschaft übernehmen, die Themenbereiche bestimmen und oft hängt es von ihrem Verhalten ab, ob ein geselliger Abend auch gelingt. Sanguinikertypen kommen garantiert bei den Gästen an, sind jedoch innerhalb des Teams nicht immer so beliebt.

Phlegmatiker

Auch diese Ausprägung ist in unserer Branche stark verbreitet. Es sind Menschen die von sich aus nicht die geringste Eigeninitiative aufbringen, denen man ständig sagen muss was sie zu tun oder zu lassen haben. Es können aber auch ganz „brave“ Mitarbeiter sein, von denen sie jedoch nicht allzu viel Eigendynamik erwarten sollten.

Fazit:

Stellen Sie sich nun vor, dass Sie mit der Zusammenstellung eines neuen Teams beauftragt werden. Dann stellen Sie sich bitte die Situation vor, dass sich in Ihrem Team ausschließlich Cholerikertypen befinden. Wie wird es hier um den Hausfrieden bestellt sein? Auch das Bild von einem Phlegmatikerteam sollten Sie sich einmal vor Ihrem geistigen Auge entstehen lassen. Wäre das nicht ein Trauerspiel?

Bereits beim Einstellungsgespräch sollten Sie sich also dieser Problematik bewusst sein. Ein gutes Team besteht im Idealfall aus einer Mischung sämtlicher oben aufgezählter Typen. Nur so können Sie aus dem Vollen schöpfen, wenn es um die Ressourcen Ihrer Mitarbeiter geht.

Auch von der Art her, wie Menschen neues Wissen aufnehmen, unterscheiden wir völlig unterschiedliche Typen:

Wie nehmen Ihre Mitarbeiter neues Wissen auf?

Auditiv orientierte Menschen (Man muss es hören.)
Achten Sie auf die Tatsache, dass nur ein geringer Prozentsatz der Mitarbeiter auf sprachliche Wünsche/Anregungen und Befehle reagieren. Haben Sie einen oder mehrere Ihrer Mitarbeiter als auditiv orientierte Typen identifiziert - reden Sie viel und oft mit diesen über Wünsche, Pläne und Fortschritte.

Visuell orientierte Mitarbeiter (Man muss es sehen.)
Arbeiten Sie im Umgang mit diesen Mitarbeitern mit Bildern und Metaphern. Lassen Sie Bilder in den Köpfen dieser Menschen entstehen, wenn Sie diese von Ihren Plänen überzeugen wollen.

Kinesthetisch orientierte Mitarbeiter (Man muss es tun.)
Meist sind dies Menschen die weder auf sprachliche noch auf visuelle Art ihr Wissen erweitern können. Dieser Menschentyp muss es mit eigenen Händen tun, damit sich eine Sache in ihrem Gedächtnis einprägt. Vielleicht ist es ein Irrtum, aber während meiner Tätigkeit als Lehrender habe ich festgestellt, dass viele Köche gehirnmäßig so strukturiert sind. Diesen Menschen können Sie lang und breit erklären wie eine Consomme-double hergestellt wird. Sie können Ihnen auch einen Film zu diesem Thema zeigen - sie werden es nicht verstehen. Nicht weil sie doof sind, sondern weil ihr Gehirn anders funktioniert. Sie müssen sich schon die Mühe machen alle Rohstoffe zusammen zu suchen und 1:1 die Produktion direkt in der Küche mit ihnen durchgehen. Wenn diese Menschen die Lebensmittel gefühlt haben, wenn sie den Geruch wahrgenommen haben und das gelungene Endprodukt zur Verkostung vor ihnen steht, werden sie die Thematik gedanklich verinnerlichen.

Um sich unnötigen Ärger bei der Mitarbeiterführung zu ersparen, sollten Sie diese Tatsachen in Ihrer täglichen Arbeit mit Menschen berücksichtigen.

Völlig unterschiedliche Menschen müssen völlig unterschiedlich geführt werden, damit diese zur Höchstform auflaufen können.

Übrigens:

Beim Transfer von Wissen sollten Sie bedenken, dass möglichst alle Sinne Ihrer Zuhörerschaft angesprochen werden. Warum also nicht reden, visualisieren und „es tun“ auf einmal, oder zumindest hintereinander? Obwohl der Berufsstand der Lehrer in jüngster Zeit nicht gerade zu den TOPJOBS zählt, haben wir jedoch die oben stehenden Erkenntnisse bereits während unserer Ausbildung erfahren dürfen. Sollten Sie bis dato nicht zahlreiche Weiterbildungen besucht bzw. einschlägige Fachliteratur durchstöbert haben, bin ich wohl der erste Mensch, der Ihnen diese Thematik näher bringt.

Im Grunde genommen machen Sie als Führungskraft ja genau denselben Job wie ein Lehrer. Während Sie mit Arbeitskräften arbeiten, arbeiten Lehrer mit Schülern. Dabei geht es immer nur um das Eine. Ihre Mitarbeiter sollten besser werden, die Schüler genauso. Ihre Mitarbeiter sollten handlungsfähig werden - die Schüler ebenso. Diese Punkte verbinden die scheinbar recht unterschiedlichen Berufe. Das können Sie drehen und wenden wie Sie wollen - das ist einfach so!

Kapitel 14

Mitarbeiterkosten berechnen und Veranstaltungen kalkulieren

In der unten stehenden Abbildung sind, ausgehend von den ausbezahlten Bruttolöhnen die Lohnnebenkosten (Österreich) dargestellt. Dabei sind eventuelle Fehlzeiten sowie der abzudeckende Urlaub und sonstige Kosten (z.B. Weiterbildung, Dienstkleidung) nicht miteingerechnet, sonst wären die Zahlen noch um einiges höher.

	Koch	*Küchenchef*	*Service*	*Aushilfe*	*Gesamt*
Beträge in €					
Brutto/Monat	1.800,--	2.400,--	1.600,--	450,--	6.250,--
h/Monat	173	200	173	45	
Brutto/h	10,40	12,--	9,25	10,--	
SV-DGA	390,60	520,80	347,20	97,65	1.356,25
DB	81,--	108,--	72--	20,25	281,25
DZ	9,--	12,--	8,--	2,25	31,25
Komm.-Steuer	54,--	72,--	48,--	13,50	187,50
MA-Vors.	27,54	36,72	24,48	6,89	95,63
pro Monat	2.362,14	3.149,52	2.099,68	590,54	8.201,88
p. a. inkl. SZ	33.069,96	44.093,28	29.395,52	8.267,49	114.826,25
Real/Monat	2.755,83	3.674,44	2.449,63	688,96	**9.568,85**
pro/h	15,93	18,37	14,16	15,31	

Abbildung 21

Übrigens: Wenn Sie nun interessiert, was z.B. € 2.400,-- an Bruttolohnsumme Netto ergibt, empfehle ich Ihnen folgende Internetseite: www.lohnonline.at (gilt nur für Österreich!).

Erklärung der Abkürzungen: (gilt für Österreich)

SV-DGA: Der Dienstgeberanteil zur Sozialversicherung beträgt derzeit ca. 21,7 % vom Bruttolohn und wird vom Arbeitgeber an die Krankenkasse bezahlt.

DB: Der Dienstgeberbeitrag (ans Finanzamt) beträgt 4,5 % vom Bruttolohn.

DZ: Dienstgeberzuschlag (ans Finanzamt) geschätzte 0,5 % vom Bruttolohn (Achtung: Von Bundesland zu Bundesland verschieden!).

Komm. St. Die Kommunalsteuer ist an die Stadt/Gemeinde zu entrichten (3 % vom Bruttolohn).

MA-Vors. 1,53 % vom Bruttolohn werden in eine Vorsorgekasse für die Mitarbeiter eingezahlt und gebührt nach einer gewissen Zeit dem Mitarbeiter.

SZ: Sonderzahlungen; In Österreich sind das der Urlaubszuschuss und die Weihnachtsremuneration (= Urlaubsgeld und Weihnachtsgeld oder 13. bzw. 14. Gehalt) Achtung! Oft wird dieses Entgelt nur in Höhe des Kollektivlohns ausgezahlt (müsste im Arbeits- oder Dienstvertrag stehen).

p.a. inkl. SZ: heißt soviel wie Lohnkosten pro Jahr inklusive der Sonderzahlungen (Berechnung: Lohn inkl. Lohnnebenkosten pro Monat x 14).

Real/Monat: Hier werden die Jahreslohnkosten inkl. Sonderzahlungen wieder auf einen Monat umgelegt (Berechnung: Lohn p.a. inkl. SZ: 12 Monate).

Pro h: tatsächliche Kosten des Mitarbeiters pro Stunde (ohne Krankenstände, Urlaubsanspruch, sonstige freie Tage usw.).

Monatsstunden:

Im Normalfall arbeitet ein Mitarbeiter 40 Wochenstunden. Da ein Monat etwas mehr als 4 Wochen hat, wird die Wochenstundenanzahl mit 4,33 multipliziert (z.B. 40 x 4,33 = 173 Stunden/Monat). In 70 % der Fälle wird in unserer Branche jedoch überkollektivlich entlohnt. Das geht oft Hand in Hand mit einer höheren Stundenleistung, die erbracht werden muss. (siehe Beispiel - „Küchenchef" in Abbildung 21)

Wie in Abbildung 21 gut zu erkennen ist, entstehen durch die Beschäftigung von Mitarbeitern eine Reihe von Lohnnebenkosten. Angenommen ein Jungkoch verdient € 1.800,-- brutto (entspricht in etwa € 1.280,-- netto) bedeutet dies, dass er, wenn man die Sonderzahlungen berücksichtigt ungefähr € 15,93 pro Stunde an Kosten verursacht. Zu Beginn dieses Buches wurde bereits auf die enorm hohen Mitarbeiterkosten im Gastgewerbe hingewiesen. Dabei wurden etwaige Krankenstände und andere Fehlzeiten, welche natürlich zusätzliche Kosten für den Unternehmer bedeuten, in dieser Berechnung noch gar nicht berücksichtigt. Auch der Urlaubsanspruch, sprich jene Zeit in der Mitarbeiter zwar Geld kosten, jedoch keine Arbeitsleistung erbringen, sind in meiner Berechnung nicht berücksichtigt.

Hat man den Überblick über die exakten Kosten die ein Mitarbeiter produziert, gilt es, diesen so effizient wie möglich einzuteilen. In Stoßzeiten, wo jeder Mitarbeiter dringend benötigt wird und oft noch zusätzliche Kräfte benötigt würden, werden diese enorm hohen Kosten durch den einlangenden Umsatz locker hereingewirtschaftet.
Wie verhält es sich aber in Nebensaisonzeiten oder zu Tageszeiten in denen man um jeden Gast froh ist? Logisch. Hier werden die erzielten Gewinne dann wieder in den Sand gesetzt, weil viele Unternehmer nicht die Gnade besitzen um dann entweder

- den Betrieb zu schließen oder
- die Öffnungszeiten an die Gästefrequenz anzupassen oder
- die Mitarbeiter wirklich sinnvoll und effizient einzuteilen.

Wie stelle ich mir eine sinnvolle Einteilung der Mitarbeiter vor?

Für sämtliche Mitarbeiter muss von vornherein klar sein, was sie in frequenzschwachen Zeiten zu tun haben. In der Küche könnte dies bedeuten, dass die Mitarbeiter gewisse Produkte im Voraus in großen Mengen produzieren statt auf teure Convenience-Produkte zurück zu greifen.
Im Rezeptionsbereich könnte dies bedeuten, dass die Mitarbeiter sich Gedanken über mögliche Zusatzverkäufe machen (Kreieren von Display- und Verkaufstischen, Mailings...)
Schwieriger wird es im Servicebereich, da ich die Crew nicht ständig putzen oder Servietten falten lassen kann.

Nun wird ein Problem unserer Branche wieder offensichtlich. Der Geschäftsgang ist nur beschränkt planbar. Schickt nun der Unternehmer oder Abteilungsleiter seine Mitarbeiter nach Hause um Stunden abzubauen, können sie oft davon ausgehen, dass im nächsten Moment eine Gruppe von unerwarteten Gästen hereinmarschiert.

Ein Beispiel aus der Praxis:

Oft wird die Entscheidung zur Annahme einer Veranstaltung überhastet und voreilig ein Preis mit dem Auftraggeber vereinbart. So kommt es vor, dass im Nachhinein herauskommt, dass kein Gewinn mit dieser Veranstaltung erwirtschaftet wurde, weil die Kosten zu hoch bzw. der verrechnete Preis zu niedrig war. Ich habe hier für Sie ein einfaches Rezept wie Sie überschlagsmäßig eine solche Veranstaltung durchrechnen können:

Sie planen also die Durchführung einer größeren Veranstaltung im Haus und überlegen, wie hoch Sie den Menüpreis pro Person ansetzen sollen. Die Gäste wünschen ein 3-Gang-Menü im mittleren Preissegment für ca. 70 Personen. Wir gehen in unserem Beispiel davon aus, dass es sich um eine geschlossene Gesellschaft handelt, d.h. kein Platz für sonstige Gäste.

Erster Schritt:

Schätzung der ungefähren Fixkosten/Tag

Dabei gehen wir, der Einfachheit halber, wieder von der vorläufigen Erfolgsrechnung aus Abbildung 8 aus. Sie zeigte folgendes Bild.

Umsatz/Aufwandsart	€	in %	
Speisenumsatz (brutto)	140.000,--	58,3	
Getränkeumsatz (brutto)	100.000,--	41,7	
Gesamtumsatz (brutto)	**240.000,--**	**100**	
- Speisenumsatz (netto) abzgl. 10 % USt.	127.272,73		
- Getränkeumsatz (netto) abzgl. 20 % USt.	83.333,33		
Gesamtumsatz (netto)	210.606,06	100	
- Wareneinsatz Speisen (netto)	54.000,--	42,4	vom Speisenumsatz
- Wareneinsatz Getränke (netto)	14.300,--	17,2	vom Getränkeumsatz
Wareneinsatz gesamt	**68.300,--**	32,4	vom Gesamtumsatz
Deckungsbeitrag 1	142.306,06	67,6	
- Personalkosten Küche/Service	78.000,--	37	vom Gesamtumsatz
Deckungsbeitrag 2	64.306,06	30,5	
- Miete	20.000,--	9,5	
- Strom/Gas/Wasser/Heizung	9.800,--	4,7	
- Wertverlust der Anlagen	12.000,--	5,7	
- Reparaturen	7.000,--	3,3	
- Instandhaltungsaufwand	4.600,--	2,2	
- Werbeaufwand	5.000,--	2,4	
- Reinigungsmaterial	3.900,--	1,9	
- Versicherung	2.500,--	1,2	
- Verbrauchsmaterial	3.900,--	1,9	
- Büroaufwand	2.800,--	1,3	
- KFZ-Aufwand	1.300,--	0,6	
- Zeitschriften/Zeitungen	700,--	0,3	
- Wäscherei	3.900,--	1,9	
übrige Kosten gesamt	77.400,--	36,8	vom Gesamtumsatz
Deckungsbeitrag 3 oder GOP* = vorläufiger Gewinn/Verlust	- 13.093,94	-6,2	vom Gesamtumsatz

Abbildung 22

Dabei legen wir unser Augenmerk auf die eingerahmten Kostenpositionen, da wir den Wareneinsatz und die exakten Personalkosten für die geplante Veranstaltung ja genau berechnen können. Die anderen, fixen oder sprungfixen Kosten müssen ja mit dem erzielten Deckungsbeitrag abgedeckt werden (inkl. den errechneten Personalkosten).

Wir stellen uns nun folgende Frage: Wie viele sonstige Kosten entstehen an einem Tag in diesem Betrieb?

Rechenvorgang

Gesamtkosten pro Jahr oder Saison dividiert durch Offenhaltungstage

€ 77.400,-- dividiert durch 300 Tage = € 258,-- sonstige Kosten pro Tag ohne den Personalkosten

Achtung: die sonstigen Kosten sind nicht immer nur Fixkosten. Reparaturen sind beispielsweise klassische variable Kosten, die je nach Geschäftsgang höher oder niedriger ausfallen.

Zweiter Schritt:

Schätzung der benötigten Stundenleistung der Mitarbeiter
(samt Vor- und Nachbereitungszeiten)

Position	Kosten/h	Vorbereitung Std.	Durchführung Std.	Nachbereitung	Gesamt-Std.	Gesamtkosten
Koch	15,93	3	3	1	7	111,51
Küchenchef	18,37	3	3	1	7	128,59
Aushilfe	15,31	0	5	1	6	91,86
Service	14,16	1	5	2	8	113,28
= Gesamt						**445,24**

Abbildung 23

Für die Durchführung dieser Veranstaltung fallen also Personalkosten in Höhe von ca. € 445,-- an. Gar nicht ohne, oder? Die Kosten pro Stunde wurden aus Abbildung 21 übernommen.

Dritter Schritt:

Berechnung des Wareneinsatzes

Angenommen die Kundschaft wünscht ein 3-Gang-Menü für ca. 70 Personen. Aus Ihren zahlreichen Menüvorschlägen wird folgendes Menü gewählt.

Grießnockerlsuppe

***

Schweinsfilet Wellington mit Saisongemüse und Basmatireis

***

Bayrische Creme auf Früchtespiegel

Ich gehe davon aus, dass Sie dieses Buch bis hierher aufmerksam gelesen habe und setze deshalb voraus, dass Sie die exakten Wareneinsätze aller von Ihnen angebotenen Speisengänge bereits exakt rezeptiert haben und eine Wareneinsatzberechnung durchgeführt wurde.

Produkt	WE/Portion	Portionen	Gesamtwaren-einsatz
Grießnockerlsuppe	0,80	70	56,--
Schweinsfilet	3,60	70	252,--
Bayrische Creme	0,90	70	63,--
= Gesamt	5,30		372,--

Abbildung 24

Der Wareneinsatz beträgt also € 5,30 pro Portion. Auf diesem Wareneinsatz baut, wie ebenfalls bereits in diesem Buch erwähnt, die folgende Deckungsbeitragsrechnung auf! Unprofessionell arbeitende

Führungskräfte machen Preise aus, bei denen sie nicht wissen ob sie Geld verdienen oder nicht. Würden sich manche die Mühe machen diese kleine, relativ einfache, jedoch ein klein wenig ungenaue Berechnung (variable Kostenanteile werden hier wie Fixkosten behandelt) durchzuführen, hätten sie wesentlich weniger Probleme mit ihrem Betriebsergebnis.

Vierter Schritt:

Deckungsbeitragsrechnung durchführen (retrograd)

		1 Portion	70 Portionen
Wareneinsatz		5,30	371,--
+ Deckungsbeitrag		7,86	550,43
= Grundpreis		13,16	921,43
+ Bedienungsgeld z.B.	10,5 %	1,38	96,75
= Nettopreis		14,55	1.018,18
+ USt.	10 %	1,45	101,82
= Kartenpreis		16,--	1.120,--
DB vom Verkaufspreis		49,1 %	
WES vom Verkaufspreis		33,1 %	

Abbildung 25

Angenommen der Unternehmer oder die Führungskraft hätte dieses Menü um € 16,00 angeboten dann würde dies bedeuten, dass

- ein Umsatz in Höhe von 1120,00 erzielt worden wäre (ohne Getränke).
- der Wareneinsatz, sprich Kücheneinkauf für diese Veranstaltung € 371,00 betragen hätte.
- ein Deckungsbeitrag in Höhe von € 550,43 erzielt worden wäre.

Die Quizfrage an Sie lautet nun. Hat der Unternehmer Geld verdient?
Antwort: Nein

	€
Fixkosten/sprungfixe Kotsen (ohne Personal)/Tag	258,--
Personalkosten für diese Veranstaltung	445,24
Gesamtfixkosten an diesem Tag	703,24
abzüglich erzielter Deckungsbeitrag	550,43
Verlust	- 152,81

Abbildung 26

Fünfter Schritt:

Korrektur Deckungsbeitragsrechnung

	in %	1 Portion	70 Portionen
Wareneinsatz		5,30	371,--
+ Deckungsbeitrag		12,39	867,17
= Grundpreis		17,69	1.238,17
+ Bedienungsgeld z.B.	10,5 %	1,86	130,01
Nettopreis		19,55	1.368,18
+ Umsatzsteuer	10 %	1,95	136,82
= Kartenpreis		21,50	1.505,--
DB in % vom VP		57,6	
WES in % vom VP		24,7	

Abbildung 27

Bei einem Verkaufspreis von € 21,50 könnte bei 70 Portionen ein Deckungsbeitrag in Höhe von ca. € 867,17 erwirtschaftet werden. Somit wären die Fixkosten dieses Tages garantiert gedeckt und auch ein „Gewinn" möglich!

	€
Fixkosten/sprungfixe Kosten (ohne Personal)/Tag	258,--
Personalkosten für diese Veranstaltung	445,24
Gesamtfixkosten an diesem Tag	703,24
abzüglich erzielter Deckungsbeitrag	867,17
Gewinn	+ 163,93

Abbildung 28

Fazit:

Wenn Sie sich einmal die Mühe machen die Fixkosten pro Tag zu errechnen, können Sie diese Kennzahl als Basiswert für weitere Berechnungen heranziehen.

Wenn Sie nun zu den alten Hasen im Bereich der Kostenrechnung gehören, könnten Sie nun argumentieren, dass die Personalkosten ja sowieso Fixkosten sind, d.h. sie fallen ja sowieso in voller Höhe an (mit oder ohne Veranstaltung). Stimmt. Grundsätzlich könnten Sie diese Kosten gleich zu den Fixkosten dazuzählen. Ich persönlich finde es jedoch sinnvoll, sich die anfallenden Personalkosten für eine bestimmte Veranstaltung separat heraus zu rechnen.

Kapitel 15

Professionelle Umsetzung von Zielen

„Ein Schiff das seinen Hafen nicht kennt, für das ist kein Wind der richtige.“ Kennen Sie diesen Spruch? Ich interpretiere diese Aussage so, dass ein Arbeiten ohne Zielvorgaben in unserer Branche zwar oft praktiziert, betriebswirtschaftlich gesehen jedoch brandgefährlich ist.

Einteilung der Ziele:

- **Quantitative Ziele**
  (Ergebnisse können sehr gut anhand von Zahlen gemessen werden)

  Beispiele:
  - 5 % mehr Umsatz
  - 3 % weniger Personalkosten
  - Wareneinsatzquote von 23 %

- **Qualitative Ziele**
  (hier sind Qualitätsverbesserungen gemeint. Diese können nicht so leicht gemessen werden)

  Beispiele:
  - höhere Mitarbeiterzufriedenheit
  - höhere Gästezufriedenheit
  - bessere Dienstleistungsqualität
  - attraktivere Speisekarte

Während Sie relativ leicht kontrollieren können, ob quantitative Ziele erreicht wurden (z.B. durch ein genaues Controlling oder/und eine gut funktionierende Kostenrechnung), ist dies bei den qualitativen Zielen ungleich schwieriger. Dennoch sollten Sie Wege finden um festzustellen ob die gesteckten Ziele erreicht wurden.

Beispiel - Mitarbeiterzufriedenheit

Am Beispiel der Mitarbeiterzufriedenheit könnte dies z.B. durch die Ausgabe von Befragungsbögen, welche 1-2-mal jährlich ausgegeben werden, sichtbar gemacht werden. Die Mitarbeiterzufriedenheit wirkt sich auch auf die Fluktuationsrate Ihrer Mitarbeiter aus.

Beispiel - Gästezufriedenheit

Durch ein professionelles Reklamationsmanagement und die Dokumentation sämtlicher Reklamationen könnte ebenfalls eine Verbesserung oder Verschlechterung in diesem Bereich sichtbar gemacht werden.

Sie haben keine konkreten Ziele oder Ihre Mitarbeiter kennen diese nicht? Sie haben Probleme Ihre Ziele entsprechend zu den Mitarbeitern zu transportieren und Ihnen gelingt es nicht Ihre Mitarbeiter von der Wichtigkeit und Richtigkeit Ihrer Pläne zu überzeugen? Dumm gelaufen!
Sie befinden sich jedoch in guter Gesellschaft, da die meisten mittelmäßigen Führungskräfte zwar den ganzen langen Tag operative Hektik demonstrieren, oft jedoch keine mess- und beobachtbaren Ziele zustande bringen. Klar, wenn man wie der Großteil der Führungskräfte zu 80 % ins laufende Tagesgeschäft eingebunden ist, kann man sich nicht noch um die Einhaltung von Zielen kümmern, oder? Ein fataler Irrtum der Ihnen jetzt ein für allemal klar sein sollte.

Vergessen Sie vor lauter Arbeit nicht auf das Denken!

Es leuchtet mir ein, dass eine Führungskraft im Küchen-, Service- oder Rezeptionsbereich in einem Klein- oder Mittelbetrieb nicht den ganzen Tag am Schreibtisch sitzen kann, sondern dass sie aktiv im Tagesgeschäft mithelfen muss - kleine Auszeiten zum Nachdenken und zur Kontrolle sollten Sie jedoch einplanen um nicht nach Ablauf der Saison oder des Jahres mit Wehmut festzustellen, dass Sie Ihren Zielen (falls vorhanden) keinen Schritt näher gekommen sind.

Ein Gutes hat die planlose Arbeit jedoch. Wenn man sich keine konkreten Ziele setzt, kann man später auch nicht enttäuscht sein, wenn man sie nicht erreicht hat ☺.

Übrigens:

Sie sollten sich einmal die Mühe machen und den Routineablauf eines Ihrer gewöhnlichen Arbeitstage in

- wichtige und weniger wichtige,
- anspruchsvolle und weniger anspruchsvolle,
- dringende und weniger dringende Tätigkeiten zerlegen.

Im Normalfall sollten Sie dann feststellen, dass ca. 80 % Ihrer Tätigkeiten auch Ihre Mitarbeiter erledigen könnten, da sie weder anspruchsvoll noch extrem wichtig sind. Warum um alles in der Welt erledigen Sie dann diese Angelegenheiten? Sind Sie für so was nicht zu teuer? Hier heißt das Zauberwort „Delegation". Delegieren Sie einige Tätigkeiten, falls jemand da ist an den Sie delegieren können, was in unserer Branche ja nicht selbstverständlich ist.

Die Umsetzung:

Sollten Sie sich bereits konkrete mess- und beobachtbare Ziele gesteckt haben, stellt sich nun die nächste Frage: Wie können Sie Ihre Mitarbeiter von der Richtigkeit und Wichtigkeit dieser Ziele überzeugen? Der größte Fehler seitens des Managements besteht meiner Ansicht nach darin, dass zwar Ziele gesteckt, diese jedoch nicht ausreichend ans

Team kommuniziert werden. Diese Ziele entstehen im stillen Kämmerlein und werden vielleicht auch noch bei einer Mitarbeitersitzung an die Crew herangetragen. Das war es aber auch schon.

Übrigens:

Sie erkennen ein professionell gestecktes Ziel an folgendem Aufbau.

- **Wer setzt das Ziel um?**
  z.B. der Küchenchef + seine Mitarbeiter

- **Was ist das Ziel?**
  z.B. Wareneinsatzquote von 23 %

- **Bis wann wollen wir das Ziel erreichen?**
  z.B. bis 31.12.

- **Wie schaffen wir das?**
  z.B. durch exakte Rezeptierung sämtlicher Gerichte,
  durch Preissteigerungen...

Kurz gesagt:

Wer, macht was, bis wann und wie?

Dabei liegt die Hauptarbeit sicher im Punkt „Wie schaffen wir das! Was muss also getan werden um das Ziel zu erreichen?

Viele Führungskräfte stecken sich zwar voll Euphorie realistische Ziele, scheitern jedoch bei deren konkreten Umsetzung ganz jämmerlich.

Dies deshalb, weil diesen Menschen niemals gezeigt oder gesagt wurde, wie eine professionelle Umsetzung, geschwollen ausgedrückt nennt man das „Implementierung von Zielen“, erfolgen sollte.

Wenn es Ihnen nicht gelingt, konkrete Ziele ins Tagesgeschäft zu implementieren, könnte man dies mit irgendwelchen Träumertypen vergleichen, welche ihr Leben lang vom Haus am einsamen See träumen, jedoch nicht bereit sind Opfer und Zeit zu investieren, damit sie auch bekommen was sie sich wünschen. Oft sind diese Menschen auch vom Know-how her nicht dazu in der Lage. Sie warten ein Leben lang darauf, dass ihre Ziele sich von selbst verwirklichen. Meistens vergebens. Die Folge sind Enttäuschung, Frust und Burn-out.

Auch zum Thema „Erfolgreiche Umsetzung von Zielen“ möchte ich Ihnen einen möglichen Lösungsansatz anbieten:

Der „7-Punkte-Plan“ zur erfolgreichen Implementierung Ihrer Ziele im Betrieb:

1) Ist-Situation beschreiben

Beginnen Sie mit der Beschreibung der Ist-Situation (= jene Situation die Sie derzeit im Betrieb vorfinden und die Sie unzufrieden macht) Schreiben Sie genau hin was nicht funktioniert, wo Ihre Bedenken und Ängste liegen und wer Ihrer Meinung nach dafür verantwortlich ist. Es ist notwendig, dass Sie diese Ist-Situation schriftlich formulieren.

Fallbeispiel:

Ist-Zustand (Anfang Juni)
Die betriebsinterne Kommunikation funktioniert nur mangelhaft. Die Zeitspanne vom Einlangen von Veranstaltungsanfragen (z.B. Geburtstagsfeier) bis zur Angebotserstellung ist deutlich zu lang. Weiters werden die für Küche und Service notwendigen Informationen nur teilweise oder erst auf Anfrage kommuniziert. Es ist unklar, ob nun die Geschäftsleitung oder die Rezeptionsmitarbeiter dafür verantwortlich sind. So kommt es oft zu Ärger, da die notwendigen Planungsarbeiten (z.B. Einkauf im Küchenbereich, Mise en place-Arbeiten im Service) durcheinandergeraten. Die Mitarbeiter sind sehr unzufrieden mit dieser Situation.

2) Soll-Situation beschreiben

Nachdem Sie die Ist-Situation beschrieben haben, können Sie sich nun daran machen das Endprodukt Ihrer Anstrengungen zu beschreiben, den sogenannten „Soll-Zustand“.

Egal was Sie vorhaben - stellen Sie sich immer jene Situation vor, in der das zu lösende Problem bereits gelöst ist. Bewegen Sie sich also gedanklich in die Zukunft und beschreiben die neue Situation. Legen Sie ein realistisches Datum fest. Verschwenden Sie noch keine Gedanken an das „Wie". Schreiben Sie klipp und klar hin wie es ist, wenn Sie Ihr Ziel umgesetzt haben. Ihr Soll-Zustand muss auch mess- und beobachtbare Ergebnisse (z.B. Zahlen) enthalten, damit Sie in späterer Folge die Wirksamkeit der Umsetzung überprüfen können.

Erst in einem der nächsten Schritte überlegen Sie sich die Maßnahmen die eingeleitet werden müssen, um eine positive Veränderung der derzeitigen Situation zu bewirken.

Fallbeispiel-Fortsetzung:

Soll-Zustand (Ende Juli)
Die betriebsinterne Kommunikation funktioniert hervorragend. Innerhalb von 24 Stunden folgt auf einlangende Veranstaltungsanfragen das schriftlich formulierte Angebot. Verantwortlich für die Angebotserstellung ist die Geschäftsleitung bzw. deren Stellvertretung. Die für Küche und Service notwendigen Informationen werden rechtzeitig (Wochenvorschau), exakt und zuverlässig in Form eines ausgefüllten Standardvordrucks in den einzelnen Abteilungen ausgehängt. Planungsmaßnahmen für diese Veranstaltungen können ordnungsgemäß und genau durchgeführt werden. Die Mitarbeiter sind mit der Organisation sehr zufrieden.

Mess- und beobachtbare Ergebnisse sind in diesem Beispiel:

- innerhalb von 24 Stunden erfolgt die Angebotslegung
- Zuständigkeit ist klar definiert
- wöchentliche Vorschau
- neu entwickelter Vordruck wird eingesetzt

3) Verhinderer identifizieren

Überlegen Sie im Vorhinein, wo es mögliche Verhinderer Ihres Projekts/Ihrer Ziele gibt.
Sind Sie z.B. eine Führungskraft im mittleren Management (Küchenchef/ Serviceleiter/ Rezeptionschef) sind die Verhinderer Nr. 1 meist die Vorgesetzen, da Sie Ihnen zwar durch Lippenbekenntnisse ihre Loyalität zum Ausdruck bringen, Sie bei der konkreten Umsetzung dann jedoch gnadenlos im Stich lassen. Mögliche Verhinderer sind auch Mitarbeiter, die Sie auf den ersten Blick zwar zu unterstützen scheinen, Sie jedoch danach mit einer „Maulwurftaktik" hintergehen und hinter Ihrem Rücken gegen Sie und Ihre Pläne arbeiten. Zählt dies zum Dauerzustand - tauschen Sie diese Mitarbeiter aus. Sie schaden Ihnen mehr als sie nützen. Mit solchen Leuten werden Sie niemals etwas zustande bringen.

Fallbeispiel-Fortsetzung

Im konkreten Fall unseres Beispiels gibt es bis jetzt keine klaren Verantwortungsbereiche, was die Annahme und Weiterleitung von Veranstaltungsanfragen betrifft. Logisch erscheint jedoch, dass es jene Personen sind, welche die Veranstaltungsanfragen mündlich, schriftlich oder telefonisch entgegennehmen. Meist ist das der Chef bzw. jemand von der Rezeption oder ein Bankettmanager.

Sie sind es in erster Linie, welche bisher verabsäumt haben die Mitarbeiter entsprechend zu informieren. Gut ist, wenn die Idee eines Veränderungsprozesses („So geht es nicht weiter.") von den Verantwortlichen direkt geboren wird. Ungleich schwieriger gestaltet es sich, wenn ein Mitarbeiter der direkt unter der mangelhaften Informationspolitik leidet, diese Idee den vermeintlich Verantwortlichen mitteilt. Dann sind es genau diese, die die Lösung des Problems verhindern könnten.

4) Planung starten

Machen Sie einen Plan wie Sie Ihre gesteckten Ziele zu erreichen gedenken. Was ist also zu tun? Zu wem müssen Sie zuerst gehen? Mit wem arbeiten Sie zusammen? Was ist das mess- und beobachtbare Ergebnis einer Sitzung? Wie viel Zeit ist Ihnen die Umsetzung wert?

Die Planung ist übrigens die meiste Arbeit. Überlegen Sie im Voraus, wo mögliche Probleme bei der Umsetzung auftreten könnten. Viele Probleme liegen übrigens in der notwendigen Unterstützung seitens Ihrer Mitarbeiter. Überlegen Sie sich auch mögliche Gegenstrategien die Ihre Pläne dennoch zu einem positiven Ergebnis hinführen.

Gehen Sie nie mit leeren Händen in eine Sitzung!

Bevor Sie Ihren ersten Vorstoß in Richtung Mitarbeiter oder Geschäftsführung planen um diese von Ihren Plänen oder Zielen zu berichten (= Mitarbeitergespräche oder –sitzung) sollten Sie Punkt 1-4 bereits erledigt haben. Gehen Sie niemals mit leeren Händen in eine Sitzung. Machen Sie also Ihre Hausaufgaben! Sie sind die Führungskraft und Sie haben sich bereits Gedanken über verschiedene Dinge gemacht. Überzeugen Sie Ihre Mitarbeiter von Ihren Plänen. Dies erreichen Sie am besten, indem Sie Ihnen jene Wirklichkeit präsentieren, die sich im Schritt 2 (= Soll-Zustand) schriftlich formuliert haben. Auch den Fahrplan, den Sie in Schritt 4 entwickelt haben, zeigt den Kolleginnen und Kollegen, dass Sie ernsthaft daran interessiert sind, das definierte Problem zu lösen. Es ist auch der Ausdruck einer professionellen Arbeitsweise.

Fallbeispiel-Fortsetzung

Nachdem Sie Ihr Ziel genau festgelegt haben (= Schritt 2 - Soll-Zustand), machen Sie sich jetzt also daran einen konkreten Umsetzungsplan zu erarbeiten. Es kommt natürlich darauf an, wer diese Veränderungsprozesse einleiten möchte. Ich gehe bei unserem Fallbeispiel davon aus, dass der Serviceleiter mit seinem Anliegen an die Geschäftsleitung herantreten möchte, da die Situation (zu späte bzw. zu wenige Informationen zu den einzelnen Veranstaltungen) für ihn fast unerträglich ist. Auch der Küchenchef signalisiert ihm, dass er ähnlich denkt. Bevor er die Geschäftsführung um ein Gespräch bittet, sollte sich dieser Serviceleiter unbedingt schon seine Vorgangsweise zurechtgelegt haben.

Die Tabelle der folgenden Seite, in der er seine Strategie schon im Vorhinein festlegt, könnte ihm dabei eine wertvolle Hilfe sein.

Wenn Sie Menschen von Ihren Plänen überzeugen wollen, müssen Sie es schaffen eine gemeinsame Wirklichkeit, aller am Projekt beteiligten zu konstruieren. Lassen Sie Bilder in den Köpfen der Zuhörer entstehen, damit sie das Gefühl bekommen wie es sich anfühlt, wenn es die derzeit auftretenden Probleme nicht mehr gäbe.

Ihr Ziel muss auch das Ziel der gesamten Belegschaft werden. Stoßen Sie auf Gegenwehr oder Bedenken seien Sie dankbar dafür. Querulanten sind wichtig und ermöglichen bessere Lösungen (es dauert jedoch länger bis Sie sich auf einen Kompromiss einigen und das wird von vielen als störend empfunden).

Wer?	Macht was?	Mit wem?	Bis wann?	Was ist das Ergebnis?
Serviceleiter	Erstgespräch	Geschäftsführung Küchenchef Rezeptionsleitung	Anfang Juli	• Die Gesprächsteilnehmer sind über den Ist-Zustand informiert und kennen auch das Ziel, welches der Restaurantleiter erreichen möchte. (= Soll-Zustand) • Die Geschäftsführung ist von der Richtigkeit und Wichtigkeit des Veränderungsprozesses überzeugt und bietet seine Unterstützung an. • Der Termin für das 2. Meeting wird festgelegt.
Serviceleiter	Zweites Meeting	Geschäftsführung Küchenchef Rezeptionsleitung	bis 10. Juli	• Zuständigkeit bezüglich der Annahme und Weiterleitung von Veranstaltungen ist geklärt. • Der Zeitrahmen (innerhalb von 24 Stunden werden Angebote gelegt) sind von den künftig Verantwortlichen genehmigt und werden als realisierbar eingestuft. • Reservierungsvordruck mit allen wichtigen Details zu verschiedensten Veranstaltungen wurde ausgearbeitet. • Termin für ein Abschlussmeeting mit der gesamten Belegschaft ist fixiert.
Geschäftsführung	Kurzmeeting	Team	bis 20. Juli	• Alle Mitarbeiter sind über die Neuerungen und geplanten Verbesserungen informiert. Etwaige Vorschläge der Mitarbeiter wurden noch berücksichtigt. • Die Neuerung tritt sofort in Kraft.

5) Bei längeren Projekten - Ruhepausen einlegen

Haben Sie nun einen Fahrplan zur Zielerreichung erstellt - legen Sie auch Ruhephasen ein. Sie müssen nicht alles auf einmal und das ganz schnell verwirklichen. Überfordern Sie Ihre Mitarbeiter nicht. Haben Sie ein Ziel umgesetzt, kommen Sie nicht gleich mit dem nächsten. Sie verursachen dadurch unnötige Unruhe im Team und dies sorgt auf Dauer für Unzufriedenheit. Legen Sie auch Meilensteine fest (z.B. Lager wurde umgestellt und nun stoßen wir gemeinsam darauf an). Sie können dies so verstehen, dass Sie an diesen Punkten erkennen können, ob Sie sich in die richtige Richtung bewegen oder ob sie vom Timing her im Verzug sind.

Vergessen Sie nicht sich gemeinsam mit Ihrem Team über Erfolge zu freuen.

Fallbeispiel-Fortsetzung

In unserem Beispiel von vorhin ist ein erster Teilerfolg, wenn die Geschäftsführung das Problem ebenso erkennt wie der Serviceleiter der den Veränderungsprozess einleitet. Die ersten ausgefüllten Reservierungsvordrucke welche beispielsweise auf einer Pinnwand hängen sind ebenfalls ein sichtbares Ergebnis, das die Sache in die richtige Richtung läuft.

6) Führen Sie Stichproben durch, in denen Sie die Umsetzung der Maßnahmen kontrollieren!

Haben Sie nun alle Mitarbeiter informiert, ihnen die Maßnahmen zur Erreichung vorgestellt und Ihre Ziele mit denen Ihrer Mitarbeiter gleichgeschaltet und befinden sich gerade in der Startphase der Umsetzung - machen Sie regelmäßig sogenannte Spotchecks (Stichprobenkontrollen) um sich davon zu überzeugen, dass die Maßnahmen auch operativ umgesetzt werden. Ist dies in einzelnen Fällen nicht der Fall

- greifen Sie korrigierend ein und fragen Sie die Betroffenen wo das Problem liegt! Besonders in den ersten Wochen nach der Umsetzung gewisser Vorgaben sind diese Zwischenkontrollen sehr wichtig!

Fallbeispiel-Fortsetzung

Im konkreten Fall sollte der Serviceleiter gegen Ende Juli und die darauffolgenden Wochen genau beobachten, ob die Verantwortlichen auch die vorgegebenen Standards einhalten.

- z.B. Angebote binnen 24 Stunden beantworten,
- wöchentliche Veranstaltungsplanung mit Aushängetafel
- vollständig ausgefüllter Reservierungsvordruck pro Veranstaltung

Wenn die Geschäftsführung die Sache ernst nimmt, sollten Sie die Sache der Erfolgskontrolle in die Hand nehmen, denn es wäre blamabel, wenn der Serviceleiter die Zuständigen permanent auf Missstände aufmerksam machen müsste.

7) Erfolgs- oder Misserfolgskontrolle

Informieren Sie alle Beteiligten über den Erfolg oder Misserfolg bzw. den Fortschritt Ihrer Zielvorgabe(n). Das setzt voraus, dass Sie von Vornherein wissen, bis wann Sie was erreichen wollen. Vergessen Sie nicht sich für die Unterstützung zu bedanken.

Fallbeispiel-Fortsetzung

In einer der nächsten Mitarbeitersitzungen sollte unser Serviceleiter die Thematik nochmals revuepassieren lassen. Sehen die Mitarbeiter den Fortschritt? Herrscht allgemein eine höhere Zufriedenheit was die interne Informationspolitik betrifft? Kann nun jeder seine Aufgaben besser als vor einigen Wochen durchführen? Wenn Sie alle Fragen mit ja beantworten können. Gratulation. Auf zu neuen Taten!

Noch etwas zu diesem Thema:

Fühlen Sie sich nicht für alles alleine verantwortlich. Schaffen Sie kleinere oder größere Verantwortungsbereiche und beauftragen Sie Ihre Teammitglieder damit. Sprechen Sie regelmäßig mit diesen Verantwortlichen über Fortschritt und mögliche Probleme. Ob Sie dies im Einzelgespräch oder im Team erledigen - Ihre Sache. Das hängt davon ab was für ein Typ Sie sind.

Kapitel 16

Qualitätsstandards im Gastgewerbe

Schaffen Sie unternehmerische Standards damit Ihre Mitarbeiter wissen wie sie in der entsprechenden Situation zu reagieren haben!

<u>Ein Beispiel aus der Praxis:</u>

Sie sind Gast in einem Restaurant und bestellen ein Tellergericht. Sie sind von der Qualität des Produktes begeistert und auch die Menge und Optik am Teller passt. Beim Dessert entscheiden Sie sich für einen Eisbecher bei dem Sie aber feststellen, dass die Sahne sauer ist. Sie reklamieren höflich und der freundliche Herr im Service reagiert perfekt und zuvorkommend. Sie verzichten auf sein Angebot einen neuen Eiscoup zu erhalten.
Bei der Bezahlung stellen Sie fest, dass das Eis nicht auf der Rechnung ist. Sie weisen den Ober darauf hin und dieser erwidert: „Was nicht in Ordnung ist, wird bei uns nicht bezahlt. Bitte entschuldigen Sie nochmals.“ Zufrieden verlassen Sie das Restaurant. So etwas kann ja jedem einmal passieren.

6 Wochen später …

Sie kehren erneut in dasselbe Restaurant ein. Aufgrund der positiven Erfahrung bestellen Sie das gleiche Tellergericht wie bei Ihrem letzten Besuch. Zu Ihrer Verwunderung stellen Sie fest, dass das was Sie nun vorgesetzt bekommen nicht das Geringste mit dem zu tun hat, was Sie beim letzten Mal erhalten haben. Weder Geschmack noch Optik oder Menge sind identisch. Wie es der Teufel will, finden Sie auch noch Ungeziefer im Beilagensalat und Sie reklamieren erneut in angemessenem

Ton. Der Servicemitarbeiter, ein Anderer als beim letzten Besuch, reagiert auf Ihre Kritik völlig gleichgültig, was mit Überforderung einhergehen könnte, eher aber mit Inkompetenz. Auch der Hinweis, dass Sie beim letzten Besuch das Tellergericht ansprechender fanden, findet wenig Gehör. „Wir haben seit 2 Wochen einen neuen Koch“, heißt es nur schnippisch. Enttäuscht zahlen Sie und verlassen das Restaurant.

Kommt Ihnen auch diese Situation irgendwie bekannt vor? Abgesehen davon, dass ich mich persönlich dann immer sehr zusammenreißen muss, wenn ich in die besagte Situation gerate, gehe ich davon aus, dass es eine Ursache für solche Vorfälle gibt.

<u>Möglichkeiten:</u>

1) Der Servicemitarbeiter zählt zum Großteil der Mitarbeiter im Gastgewerbe, die ihren Beruf um Lichtjahre verfehlt haben.
2) Der neue Servicemitarbeiter erhielt keine eindeutigen Instruktionen, was den Umgang mit Reklamationen und anderen Standardsituationen angeht.
3) Der neue Koch hat keine Ahnung vom Kochen.
4) Der neue Koch erhielt keine eindeutigen Instruktionen, über Rezepturen, Mengen und Anrichteweise der bisher angebotenen Produkte.

Was Punkt 1 und 3 angeht wird Ihnen als Führungskraft lediglich eine Möglichkeit bleiben, was Sie tun können. Trainieren Sie diese Mitarbeiter, damit diese zur Höchstform auflaufen oder wenn alles nichts nützt, stellen Sie jemand anderen ein. Aufgrund des akuten Mitarbeitermangels in unserer Branche ist das jedoch schwerer als man denkt.

Was die beiden anderen Punkte angeht, sind Sie als Führungskraft gefordert. Sie sollen für alle gleichermaßen gültige Qualitätsstandards festlegen. Wie eingangs des Kapitels „Mitarbeiterführung“ erwähnt, geben Sie mit der Stellenbeschreibung dem Mitarbeiter eine Art Gebrauchsanweisung für seine neue Arbeitsstelle. Von Ihnen aufgestellte

Regeln bilden, wie ebenfalls von mir beschrieben, die Leitplanken auf der Straße auf der sich Ihre Mitarbeiter bewegen. Diese Regeln sind nun durch Qualitätsstandards zu erweitern. Klingt einfach - ist es auch.

Das „5-Schritte-Modell" zur Schaffung von Qualitätsstandards:

Schritt 1:
Visualisieren Sie den Leistungsprozess in jeder Abteilung (Management, Etage, Küche, Service, Hausmeisterei...)!

Im Küchenbereich sieht das dann so aus:

- Warenbestellung (Bedarfsplanung)
- Warenanlieferung
- Warenlagerung
- Verarbeitung der Waren zu Produkten
- Zubereitung der Produkte
- Anrichten der Produkte
- Ausgabe der Produkte

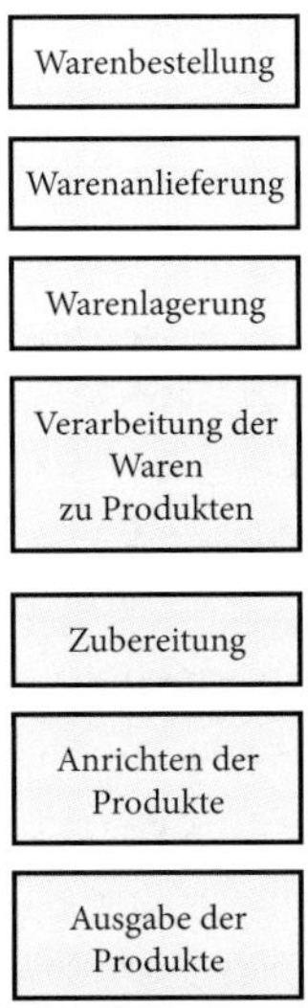

Im Servicebereich sieht der Leistungsprozess so aus:

- Mise en place Arbeiten
- Begrüßung des Gastes
- Platzierung des Gastes
- Aufnahme der Bestellung
- Beratung des Gastes
- Weiterleitung der Bestellung
- Service der Speisen und Getränke
- Gästebetreuung und Zusatzverkäufe
- Abservieren
- Rechnungserstellung
- Zahlungsvorgang
- Verabschiedung des Gastes
- Nacharbeiten

Leistungsprozess im Rezeptionsbereich:

- Werbung, Marketing
- Bearbeitung von Anfragen (schriftlich, telefonisch...)
- Angebotserstellung
- Bestätigung der Reservierung
- Vorbereitung auf Ankunft des Gastes
- Check in
- Aufenthalt des Gastes / aktive Gästebetreuung
- Check out
- After sales Aktivitäten

Schritt 2:
Gastrelevante Leistungsprozesse herausarbeiten

In einem 2. Schritt sollten Sie sich nun Gedanken darüber machen, welche Bereiche des Leistungsprozesses für die Gäste sichtbar sind. Sie werden feststellen, dass es nur wenige Prozesse im gesamten Geflecht der innerbetrieblich erbrachten Leistungen sind.

Beispiel gefällig - aber gerne:

Während die Gäste nicht im Geringsten interessiert wie Sie als Küchenchef Ihre Ware bestellen, lagern und verarbeiten, interessiert diesen das Ergebnis am Teller jedoch mächtig. Auch im Servicebereich sieht der Gast nicht wie sich die Mitarbeiter auf das Tagesgeschäft vorbereiten (Mise en place). Sie spüren lediglich ob der Servicemitarbeiter kompetent, freundlich und flott seinen Job erledigt. Auch die Beratungs- und Verkaufskompetenz eines Mitarbeiters spürt der Kunde, während ihn die Weiterleitung der Bestellung nicht sonderlich interessiert. Dem Gast ist nur wichtig, dass er das Bestellte rasch und in ansprechender Qualität erhält.

Beispiel - Küche:

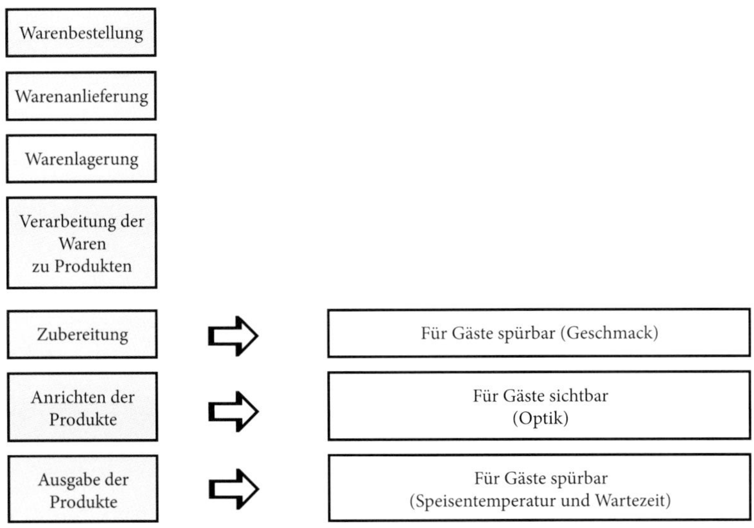

Schritt 3:

Ausarbeitung der Leistungsstandards für spezielle Situationen. Nun drängt sich Ihnen natürlich die Frage auf, was solche „spezielle Situationen“ sind! Dies ist recht einfach, da Sie eigentlich nur auf solche

Aktivitäten achten müssen, die bis dato Probleme bereiten.
z.B.

- unterschiedliches Handling bei Reklamationen
- unterschiedliche Optik und Qualität der Speisen
- lange Wartezeiten beim Service
- lästiges Gequatsche der Mitarbeiter vor den Gästen
- Uneinigkeit der Führungskräfte was die Produktauswahl anbelangt
- mangelnde Mitarbeiterführung
- schlechtes Reklamationsmanagement
- zu hohe Wareneinsätze
- zu geringer Zusatzverkauf
- rauer Umgangston unter den Mitarbeitern
- unprofessionelle Briefe mit Grammatik- und Rechtschreibfehlern an der Rezeption
- wenig Kenntnisse über die unmittelbare Umgebung (meist Rezeption)

usw.

Dabei sind für Gäste sichtbare Fehlerquellen (z.B. Mangelnde Sauberkeit im Restaurant) mindestens so unangenehm wie betriebsinterne Problemquellen (z.B. Fehlbestellungen). Das Eine ärgert den Gast und das Andere eben die Mitarbeiter.

Gäste ärgern sich über andere Sachen wie die Mitarbeiter.

Sie wissen sicherlich wovon ich rede, oder? Natürlich sind Sie sich der auftretenden Probleme in Ihrem derzeitigen Betrieb im Klaren. Der Grund warum Sie nicht imstande sind wirksame Gegenstrategien zu entwickeln, liegt wahrscheinlich in der Einteilung Ihrer täglichen Arbeit. Sie wenden zu wenig Zeit für wichtige Sachen und zu viel Zeit für dringende Sachen auf. In der Regel heißt das, dass viele Ihrer Aktivitäten, provokativ ausgedrückt, jederzeit von irgendeinem anderen Mitarbeiter erledigt werden könnten. Ist dies der Fall, haben Sie den grundlegenden Sinn Ihrer Tätigkeit als Führungskraft immer noch nicht verstanden.

Sie sind im Betrieb um...

- die Kapazitätsplanung zu erstellen (Wie viele Mitarbeiter werden bei welchem Geschäftsgang benötigt und was muss bestellt werden?).
- die Kalkulation Ihres Angebots zu machen und die Kennzahlen zu überprüfen.
- Ihre Mitarbeiter zu führen und diesen ständig Rückmeldung über ihren aktuellen Leistungsstand zu geben.
- Qualitätskontrollen durchzuführen (in Ihrer Abteilung oder generell).
- Feedbacks der Gäste einzuholen um die dabei gewonnenen Erkenntnisse bei Mitarbeitermeetings zum Thema zu machen.
- bei Bedarf neue Qualitätsstandards zu entwickeln um aus auftretenden Fehlern auch zu lernen.
- Hygienekontrollen durchzuführen um für den Gast eine bestmögliche Qualität zu gewährleisten.
- schlussendlich auch Ihre Mitarbeiter auf deren Ehrlichkeit und Verlässlichkeit zu überprüfen.

Besonders Letzteres wird von vielen Führungskräften als sehr unangenehm empfunden. Wer überwacht schon gerne seine Crewmitglieder um diese im schlimmsten Fall beim Klauen zu ertappen.
Die oben angeführten Tätigkeiten sind ebenfalls Standards, die normalerweise in der Stellenbeschreibung niedergeschrieben werden.

Ich wage auch zu behaupten, dass es Ihnen nicht möglich ist, Ihre Mitarbeiter zu führen und Ihre Dienstleistung zu optimieren, wenn Sie selbst in der operativen Hektik feststecken. Ein Chef de Service der selbst die größte Station macht, hat überhaupt nicht verstanden worum es geht.

Der Grund warum zu wenig Qualitätsstandards im Gastgewerbe entwickelt werden liegt darin, dass die Führungskräfte zu stark ins operative Tagesgeschäft eingebunden sind.

Woher kommt also dieses völlig falsche Verständnis, was den Job einer Führungskraft ausmacht? Auch hier kann ich Ihnen Lösungen anbieten. Ich denke, dass Sie auf diese jedoch auch selbst gestoßen wären.

1.) Die chronische Unterbesetzung erfordert Ihren persönlichen Einsatz (Troubleshooter als Dauerzustand).

2.) Ihr Vorgänger hat das Weite gesucht und Sie wurden, aufgrund Ihres Fleißes und Einsatzes zu dessen Nachfolger erkoren. (Nach dem Motto: „Hast du keine Mittel, dann gib ihm einen Titel.") Ihre bisherige Position wurde natürlich nicht nachbesetzt.

3.) Es kann auch sein, dass Sie Komplexe haben, wenn Sie nicht, mindestens im gleichen Ausmaß wie Ihre Mitarbeiter, aktiv mitarbeiten. Man könnte Sie ja als faul abstempeln. Ihr Problem liegt also immer noch darin, dass Sie „Everybodies darling" sein wollen.

Mir kommt vor, als ob, wie in Punkt 3 beschrieben, viele Führungskräfte ein schlechtes Gewissen quält, wenn diese nicht an vorderster Front mitarbeiten und hektisch herumfuchteln. Falls es Sie tröstet - Ihre Mitarbeiter haben in keinster Weise zu entscheiden wie Sie Ihren Job auszuüben haben und wie nicht. Im Sport fährt ja auch nicht der Trainer die Skipiste herunter sondern der Läufer. Sie sind in diesem Fall der Trainer, falls Sie es noch immer nicht verstanden haben, liebe Führungskraft. Der Vergleich mit dem „Trainer" müsste auch der einfach strukturierteste Mitarbeiter verstehen, wenn Sie ihm Ihre persönliche Rolle im Unternehmen erklären müssen.
Wenn Sie sich nun, sei es auch nur für kurze Zeit, aus Ihrer „operativen Hektik" lösen können, sollten Sie die Zeit nutzen um nun Ihre Qualitätsstandards zu entwickeln. Dies erfolgt natürlich schriftlich und Ihre Ausarbeitungen sollten im Idealfall mit Ihrem Team im Voraus besprochen und von ihnen auch abgesegnet werden. Sie wissen ja, geben Sie Ihren Mitarbeitern immer das Gefühl, dass das was getan wird von Ihnen kommt. Dann funktioniert es auch. Bevor Sie Ihr Team jedoch einweihen, müssen Sie die folgende Vorarbeit bereits geleistet haben.

(Sie wissen ja: „Nie mit leeren Händen in eine Mitarbeitersitzung gehen und dann erwarten, dass Sie akzeptable Ergebnisse erzielen.“)

Ein Qualitätsstandard wird wie folgt definiert:

„Tritt Situation x ein, erfolgt Handlung y“

Beispiele für Standards:

- Um eine gleichbleibende Optik, Geschmack und Menge bei unseren Gerichten zu gewährleisten, werden sämtliche Speisen exakt nach Rezept hergestellt, fotografiert und als Rezeptblatt mit einem Foto in der Küche ausgehängt.
- Vom Zeitpunkt der Bestellung des Gastes bis zum Getränkeservice vergehen maximal fünf Minuten.
- Wenn der Gast die Speisekarte wünscht (= Situation), wird diese immer geöffnet gereicht (= von Ihnen gewünschte Handlung).
- Der Küchenchef setzt nur jene Produkte auf die Standardkarte mit einer hohen Verkaufserwartung und einer Wareneinsatzquote von max. 28 %. Das setzt eine exakte Vorkalkulation voraus.
- Im Falle einer Reklamation unterscheiden Sie zwischen leichter, mittlerer und schwerer Reklamation. Danach entscheiden Sie, welche Möglichkeiten Sie in Betracht ziehen den Gast wieder zufrieden zu stimmen. Für jede Reklamation (= Situation x) gelten folgende Richtlinien.

gewünschte Handlung y

1. Gast ausreden lassen
2. aktiv zuhören, Verständnis zeigen
3. Entschuldigung
4. Vorschlag zur Wiedergutmachung unterbreiten
5. Nochmals um Entschuldigung bitten
6. Im Idealfall - Wiederherstellung der Gästezufriedenheit

Im Anhang finden Sie eine Vielzahl von möglichen Qualitätsstandards. Werfen Sie einen Blick darauf und nehmen Sie sich jene Sachen heraus, die Ihnen sinnvoll und umsetzbar erscheinen. Ich hoffe, Ihnen dadurch viele, viele Stunden zu ersparen, die Sie für die Erstellung solcher Standards aufwenden müssten.

Es wäre falsch von Ihren Mitarbeitern diese oben angeführten Richtlinien vorauszusetzen. Wenn diese nicht in den Genuss einer hausinternen Schulung oder einer speziellen Weiterbildung gekommen sind, dürfen Sie sicherlich nicht erwarten, dass Ihre Mitarbeiter entsprechend in schwierigen Situationen reagieren.

Oft werden auch die schlechten Reaktionen der anderen Mitarbeiter und Vorgesetzten nachgeahmt. Der schlechteste Mitarbeiter im Betrieb bestimmt den Standard. Das ist leider so.

Schritt 4:
Training der Standards

Ab dem Moment, in dem Sie für alle gleichermaßen gültige Qualitätsstandards einführen, verändert sich Ihre Rolle als Führungskraft völlig.

Nun sind Sie der Coach, der den Leuten beibringt, wie diese in den jeweiligen Situationen zu reagieren haben. Sie können sich das so vorstellen. Ein Sportler lernt auch nicht komplexe Bewegungsabläufe (z.B. Schispringer) durch gutes Zureden und ein Meeting mit viel bla bla.

Er muss es schon trainieren und dieselbe Situation immer und immer wieder wiederholen um schlussendlich die Fähigkeit zu entwickeln die richtigen Dinge zu tun.
Besonders bei für Gäste sichtbaren Prozessen eignen sich Rollenspiele ideal dafür (z.B. Umgang mit Reklamationen, aktiver Verkauf, Weinservice…)

Zögern Sie nicht lange. Starten Sie mit dem Training!

Schritt 5:
Kontrolle der Standards

Haben Sie diese Standards erst einmal ausgearbeitet und mit dem Team besprochen und eingeübt, werden Sie künftig einen Großteil Ihrer Tätigkeit auf deren Einhaltung ausrichten. Sie werden bei jedem Mitarbeitergespräch, bei jedem Team-Meeting zum Thema gemacht und im Bedarfsfall optimiert bzw. abgeändert. Auch hier können Sie Ihre geistige Beweglichkeit unter Beweis stellen, denn wenn ein Mitarbeiter seine Arbeit nicht nach Ihren Vorgaben ausführt, liegt es an Ihnen zu entscheiden, ob Sie dies tolerieren oder ob Sie den Standard an die aktuellen Gegebenheiten anpassen.

Ab der Schaffung von für alle Mitarbeiter gleichermaßen gültigen Qualitätsstandards verändert sich die Rolle der Führungskraft völlig!

Kapitel 17

Idee - Schaffung einer Internetplattform zur Bewertung eines Gastgewerbebetriebes aus Mitarbeitersicht

Warum?

Es gibt bereits Bewertungsformen die über den Standard von Hotelbetrieben Auskunft geben. Es sind dies die allseits bekannten Hotelsterne. Unter www.hotelsterne.at gibt die Österreichische Wirtschaftskammer z.B. Auskunft darüber, welche Kriterien erfüllt werden müssen, um so und so viele Sterne zu bekommen. Zwischenzeitlich hat sich dieses System als äußerst wertvolle Entscheidungshilfe für potentielle Gäste herausgestellt. Auch in Deutschland, der Schweiz und den meisten anderen EU-Ländern werden Hotelsterne als Gradmesser für die Dienstleistungsqualität von Hotelbetrieben herangezogen. Seit 2010 gibt es übrigens einen neuen, überarbeiteten Kriterienkatalog.

Schlaue Köpfe haben sich auch Bewertungsformen für Gastronomiebetriebe einfallen lassen und sich damit über die Jahre hinweg eine goldene Nase verdient. Es sind dies die Gault-Millaut-Hauben und die Michelin-Sterne. Welcher Küchenchef ist nicht erfreut, welcher Unternehmer nicht stolz darauf, von anonymen Restauranttestern eine Haube oder mehrere Sterne verliehen zu bekommen. So schnell wie die Hauben und Sterne da sind, sind sie manchmal auch wieder weg. In regelmäßig erscheinenden Restaurantführern werden diese Restaurants und Gasthäuser dann mehr oder weniger bloß gestellt. Was bei Erhalt der Hauben und Sterne eine gute Imagewerbung für einen Gastronomiebetrieb war, ändert sich mit dem Verlust der begehrten „Trophäen“ dann ins Negative.

Der nächste Schritt wurde ebenfalls von äußerst kreativen Köpfen in Angriff genommen. Warum nicht Hotelbetriebe auf deren Dienstleistungsqualität überprüfen - und das aus Gästesicht. Plattformen wie beispielsweise www.holidaycheck.de wurden geboren. Hier kann der Urlauber selbst nachsehen wie andere Urlauber einen Betrieb beurteilen. Es gibt auch unzählige Einträge in denen die Betriebe stark kritisiert werden. Umso mehr freut die Unternehmer, wenn ihre Betriebe gut bei den Gästen ankommen.

Den finalen Schritt dieser Entwicklung möchte ich nun als Autor dieses Buches gehen und eine Plattform für Mitarbeiter, als Orientierungshilfe und Qualitätssicherung für die Jobsuche ins Leben rufen.

www.jobsintourism.at

Dieser Betrieb ist
mitarbeiterfreundlich!

Der Sinn einer solchen Plattform für Mitarbeiter im Gastgewerbe ist schnell erklärt.

1. Hier bewertet ein Mitarbeiter die Arbeitsbedingungen seiner derzeitigen oder letzten Arbeitsstelle.
2. Hier sucht er Betriebe aus, die entsprechende Rahmenbedingungen für ihre Mitarbeiter zur Verfügung stellen und liest Bewertungen von Vorgängern durch.
3. Hier präsentieren sich Betriebe um neue Mitarbeiter anzuwerben.

Mir war das Risiko der Gründung einer solchen Internetplattform von vornherein klar. Sehr viele Betriebe werden sehr viel Kritik einstecken müssen. Dabei geht es in erster Linie nicht darum Betriebe zu diskreditieren sondern diese vielmehr auf eventuelle Defizite aufmerksam zu machen und ihnen Hilfe zur Verbesserung ihrer Situation anzubieten.

Ziele dieses Projekts:

- Wir wollen potentiellen Mitarbeitern Einblicke in die Mitarbeitersituation zukünftiger Betriebe geben.
- Betriebe zu einer Professionalisierung des Mitarbeitermanagements motivieren.
- Dauerhaft schwarze Schafe unter den Betrieben identifizieren und ihre miserable Mitarbeitersituation für mögliche, neue Mitarbeiter transparent machen.
- Betrieben, die im Bereich Mitarbeitermanagement Probleme haben, Unterstützung in Form von Beratungsgesprächen anbieten.
- Wir wollen Musterbetrieben die Suche nach Mitarbeitern erleichtern und ihre Inseratkosten senken.
- Visualisierung in Form einer Plakette im Eingangsbereich damit auch die Gäste sehen, dass sich die Mitarbeiter dieses Betriebes wohl fühlen.

Bewertungskriterien:

Ob wir es mit einem für Mitarbeiter attraktiven Betrieb zu tun haben steht in keinerlei Zusammenhang mit der Betriebsgröße, der Ausstattung oder der Tatsache ob es sich um einen Familienbetrieb oder eine Kette handelt. Ich habe bereits in einem Kapitel darüber informiert, dass Arbeit nicht immer Spaß machen kann. Auch in einem „guten" Betrieb werden Mitarbeiter so manche Arbeiten verrichten müssen, die sie nicht mögen. Klar. Ob sich Mitarbeiter im Endeffekt wohl fühlen oder nicht, hängt jedoch sehr von den Rahmenbedingungen ab, die Ihnen ein Betrieb anbietet.

Beispiele für Rahmenbedingungen:

- Unterkunft (Zu viert in einem kleinen Zimmer oder ein kleines Appartement alleine, kostenlos oder gegen Entgelt?)
- Weiterbildungsmöglichkeiten (Keine oder vielleicht 1-3 interne oder externe Schulungen pro Jahr die vom Betrieb übernommen werden.)

- Vorhandene Stellenbeschreibungen (Kenne ich mein Aufgabengebiet, bin ich über Eventualitäten informiert oder starte ich ahnungslos ohne schriftliche Informationen?)
- Sind Regelkataloge vorhanden (Weiß ich von Vornherein was ich darf und was ich nicht darf?)
- Sind fixe Standards bei den Abläufen vorgegeben oder macht jeder etwas anderes? (schriftliche Handbücher)
- Bezahlung und Überstunden (Kollektivlohn oder darüber? Wie werden Überstunden abgegolten?)
- Ausbildungsstand der Führungskräfte (Sind die Führungskräfte gut ausgebildet, Vorbilder und fachlich und sozial entsprechend geschult oder sind Dilettanten am Werk?)
- Arbeitsverträge (Erhalte ich bei Arbeitsantritt oder innerhalb einer angemessenen Frist einen fairen, schriftlichen Arbeitsvertrag?)
- Mitarbeiterbefragungen (Finden regelmäßig Mitarbeiterbefragungen zur Arbeitszufriedenheit statt?)
- Werden Mitarbeiter generell fair behandelt?
- uvm.

Wenn Sie nun als Leser dieses Buches Unternehmer sind und mit Erschrecken feststellen, dass Sie nur die wenigsten der oben stehenden Punkte erfüllen, dennoch aber glauben die richtige Einstellung Ihren Mitarbeitern gegenüber zu haben - beginnen Sie selbst mit der Arbeit oder kontaktieren Sie mich. Ich garantiere Ihnen nicht, dass sich weniger „kranke Seelen" als Mitarbeiter bei Ihnen vorstellen werden, nein, ich garantiere Ihnen nur, dass Sie sich ab dem Moment wo Sie sich ernsthaft mit dieser Thematik auseinanderzusetzen beginnen, keinerlei Vorwürfe mehr machen müssen, nicht alles dafür unternommen zu haben, dass Sie die richtigen Leute mit attraktiven Rahmenbedingungen einladen mit Ihnen gemeinsam Ihre Unternehmensziele zu verwirklichen.

Wenn Sie nun als Leser dieses Buches „normaler" Mitarbeiter sind und nun glauben mit der Schaffung einer solchen Plattform jegliche Schuld

für Ihr eigenes Fehlverhalten auf den Betrieb abladen zu können und sich beim Eintrag in die Plattform in der Tonalität vergreifen, werden wir Ihren Beitrag löschen oder so abändern, dass der betroffene Betrieb nicht vollends seine Reputation verliert. Verstehen Sie mich nicht falsch, ich weiß jedoch aus eigener Erfahrung, dass viele Mitarbeiter für Unternehmer völlig unbrauchbar sind. Wo die einzelnen Probleme der Mitarbeiter liegen, habe ich in diesem Buch bereits ausführlich beschrieben. Es geht uns darum für Betriebe brauchbare Informationen zu ihren Schwächen im Mitarbeiterbereich zu erhalten um diese bestenfalls umgehend korrigieren zu können. Dann nützt es nichts, wenn Ihr Beitrag zutiefst persönlich und menschenverachtend klingt.
Betrachten Sie die Internetplattform www.jobsintourism.at als wertvolle Entscheidungshilfe bei der Wahl Ihrer künftigen Arbeitsstelle. Informieren Sie sich über Betriebe und füttern Sie die Plattform mit Ihren persönlichen Erfahrungen in Ihren bisherigen Betrieben.

Viel Spaß dabei!

Kapitel 18

Schlusswort

Ich habe mir lange überlegt wie ich die Schlussworte dieses Buches formulieren sollte. Persönlich habe ich viele Bücher gelesen und meistens hat mir der Schluss am wenigsten gefallen. Der klägliche Versuch durch eine letzte Aufforderung oder irgendein melancholisches Geplapper die Leserschaft zum Handeln zu nötigen, missfällt mir.

Vielleicht können diese Zeilen eine kleine Menge an Menschen dazu bringen ihre Handlungen kritisch zu hinterfragen. Ich hoffe doch sehr, dass es mir gelungen ist, Ihnen auch plausible Einblicke in das Thema der Kosten- und Ertragskontrolle zu geben. Vielleicht trägt dieses Buch auch dazu bei Ihren Umgang mit Mitarbeitern nachhaltig zu hinterfragen.

Ich danke Ihnen für Ihr Interesse und wünsche Ihnen viel Energie und Optimismus bei der Umsetzung Ihrer Ideen.

Für Fragen oder Ihre Rückmeldungen stehe ich Ihnen unter folgender Emailadresse zur Verfügung

info@jobsintourism.at

Alles Gute

Jürgen Schneider
Bludenz, im Januar 2012

Anhang

Stellenbeschreibung Chef de rang (Muster)

Zielsetzung der Stelle:
Der Chef de Rang setzt sich mit seiner ganzen Energie für die Pflege und das Wohl der Gäste ein. Dabei legt er sein Schwergewicht auf aktiven Verkauf, einwandfreien Service sowie die korrekte Zusammenarbeit mit den Commis.

Kompetenzen und Verantwortung:
- Selbstständige Klärung von Reklamationen.
- Verantwortlich für die korrekte Abrechnung seiner Tagesumsätze.
- Endkontrolle der angerichteten Speisen - letzte Entscheidung ob die Gerichte zum Gast gelangen oder neu angerichtet werden (nur falls Speisen selbst an den Tisch getragen werden).
- Mitverantwortlich für das Erreichen der errechneten Pro-Kopf-Umsätze durch aktiven Verkauf.

Direkter Vorgesetzter:

Nächst höherer Vorgesetzter:

Unmittelbar unterstellte Mitarbeiter:

Direkte Zusammenarbeit mit:

Kernaufgaben:

- Einhaltung der Sauberkeit im Restaurant
- Herrichten eines perfekten Mise en place
- Begrüßung und Platzierung der Gäste
- Beratung der Gäste
- Aufnahme der Bestellung
- Koordination mit Commis
- Förderung von Zusatzverkäufen
- Rechnungslegung

Hauptaufgaben:

Begrüßung und Platzierung der Gäste
Der Chef de Rang ist für ein positives Gesamterscheinungsbild im Lokal vor, während und nach Arbeitsende verantwortlich. Er platziert nach Möglichkeit alle Gäste persönlich und hilft bei der Garderobe.

Beratung der Gäste
Die Gäste werden vom Chef de Rang über aktuelle Angebote informiert. Er kennt das Gesamtangebot und berät professionell und kompetent.

Aufnahme der Bestellung
Er nimmt die Getränke- und Speisenbestellung korrekt entgegen und leitet sie an die entsprechende Abteilung weiter.

Koordination mit Commis
Der Chef de Rang überprüft die Vollständigkeit der bestellten Getränke und Speisen und unterstützt bei Bedarf die Commis beim Servieren.

Förderung von Zusatzverkäufen
Der aktive Verkauf verschiedenster Produkte unseres Hauses ist für den Chef de Rang wichtiger Bestandteil seiner Tätigkeit.

Nebenaufgaben:

Einhaltung der Sauberkeit im Restaurant
Der Chef de Rang ist für ein positives Gesamterscheinungsbild im Lokal vor, während und nach Arbeitsende verantwortlich (Staubsaugen, Tischständer reinigen, Blumenschmuck, Fenster, Optik am Tisch usw.).

Mise en place-Arbeiten
Er hat dafür Sorge zu tragen, dass der betriebliche Ablauf perfekt vorbereitet ist (Austausch von Tagesempfehlungen, Menagen, Brot auffüllen, herrichten der Terrasse usw.)

Tagesabrechnung
Die Einnahmen des Tages sind am Dienstende abzurechnen (ordnungsgemäße Trennung von Bargeld, Kreditkarten usw.).

Erwähnenswertes
Bei geringerem Geschäftsgang und weniger Commis ist es für den Chef de Rang eine Selbstverständlichkeit, Aufgaben des Commis zu übernehmen. Dazu zählen: Servieren der Getränke und Speisen, Abräumen der Tische. Beim Abräumen der Teller werden diese ordentlich in den Abwasch gestapelt.

Sonstige Aufgaben:

Blumenbestellung für Tische (je nach Bedarf alle 1-2 Wochen)
Großer Fensterputz (alle 1-2 Wochen)
Staubsauger entleeren (nach Bedarf)

Bei Abendveranstaltungen:
Tische aufdecken und dekorieren, Besteck und Gläser polieren

Anforderungsprofil:

Fachlich:
- abgeschlossene Lehre als Restaurantfachmann/frau bzw. mehrjährige Erfahrung im Servicebereich

Persönlich:
- mindestens 20 Jahre
- männlich oder weiblich
- unternehmerisches Denken und Verkaufsorientierung

- gepflegtes Erscheinungsbild
- Sinn für Hygiene und Sauberkeit
- rasche Auffassungsgabe, geistige Beweglichkeit
- Entschiedenheit im Auftritt, hohe Teamfähigkeit
- grundlegende Ehrlichkeit und Offenheit
- Begabung auf Leute zuzugehen
- gesundes Selbstvertrauen, extrovertiert
- guter Sinn für Humor, Liebe zum Beruf
- innovativ in den Ideen, hohe Leistungsbereitschaft
- menschlich im Auftritt, unaufdringlich organisiert

Entlohnung:
?

Stellenbeschreibung: Küchenleiter (Muster)

Zielsetzung der Stelle:
Unter Berücksichtigung der Wirtschaftlichkeit werden sämtliche Gerichte in Topqualität und mit dem erforderlichen Deckungsbeitrag erstellt. Neben der Einhaltung der Qualitätsstandards ist der Küchenleiter für die Betreuung und Entwicklung der ihm unterstellten Mitarbeiter verantwortlich.

Kompetenzen und Verantwortung:
- Inventur am Saisonende bzw. dazwischen
- volle Wareneinsatz-Verantwortung
- Definition und Kontrolle der Küchenqualitätsstandards
- Mithilfe bei der Entwicklung und Beurteilung der Mitarbeiter
- Verantwortlich für die Einhaltung der Hygienestandards
- selbstständige Menüauswahl
- Kapazitätsplanung für Produktionsküche

Direkter Vorgesetzter:

Nächst höherer Vorgesetzter:

Unmittelbar unterstellte Mitarbeiter:

Direkte Zusammenarbeit mit:

Kernaufgaben:

- Vorbereitung des Arbeitsplatzes und mise en place-Arbeiten
- Mitverantwortung für die Auswahl der bestmöglichen Produkte
- Erstellung der Rezepte mit Zubereitungsweisen
- Adaptierung der Dienstpläne (nach Absprache mit Restaurantleiter)
- operative Mitarbeit in der Küche
- Überwachung der Hygiene- und Lebensmittelrichtlinien
- Qualitätskontrolle

- Pflege und Instandhaltung sämtlicher Küchengeräte
- Führung der Küchenbrigade
- tgl. Kapazitätsplanung für die Speisenproduktion
- Berücksichtigung der Zahlenreports bei der Menüplanung
- Hauptverantwortung für die Gerichteauswahl und Kartengestaltung
- exakte Menüplanung unter Berücksichtigung der Lagerbestände
- Durchführung von Inventuren im Lebensmittellager
- Einführung neuer Mitarbeiter und Leistungsbeurteilung

Hauptaufgaben:

Vorbereitung des Arbeitsplatzes und mise en place-Arbeiten
Sämtliche benötigten Geräte werden bei Dienstbeginn in Betrieb genommen.

Qualitätskontrolle
Die Küchenleitung überwacht die Arbeitsabläufe seiner Mitarbeiter und korrigiert bei allfälligen Abweichungen. Dazu zählen unter anderem die qualitative Zubereitung und Anrichteweise der Gerichte sowie das Einhalten der vorgeschriebenen Quantitäten und Rezepte.

Operative Mitarbeit in der Küche
Während der Stoßzeiten arbeitet der Küchenleiter aktiv mit. Er koordiniert die Küchenabläufe und gewährleistet eine geregelte Ausgabe der Gerichte.

Führung der Küchenbrigade
Der Stelleninhaber gilt für die Küchenmitarbeiter als Ansprechperson für Fragen und bei Problemen. Er ist um ein gutes Arbeitsklima besorgt und regelt kleine Unstimmigkeiten selbst.
Er teilt seine Mitarbeiter effizient ein und sorgt für eine gerechte Aufteilung der anfallenden Arbeiten.

Tgl. Kapazitätsplanung

Der Stelleninhaber leitet dem Produktionskoch die exakte Produktionsmenge der Standard- bzw. Tagesgerichte weiter. Bei der Mengenkalkulation nimmt er dabei auf saisonale und witterungsbedingte Schwankungen Rücksicht.

Exakte Menüplanung unter Berücksichtigung der Lagerbestände

Bei der Menüplanung nimmt der Küchenleiter auf die vorhandenen Lagerbestände Rücksicht und sorgt damit für eine schnelle Lagerumschlaggeschwindigkeit. Einem Verderben der Lebensmittel wird damit vorgebeugt und somit der Materialschwund minimiert.

Nebenaufgaben:

Einführung neuer Küchenmitarbeiter sowie Leistungsbeurteilung des Küchenteams

Der Stelleninhaber führt neue Küchenmitarbeiter auf Basis der vorhandenen Stellenbeschreibungen in ihr neues Aufgabengebiet ein.
Er beobachtet und beurteilt sämtliche ihm unterstellten Teammitglieder und leitet gegebenenfalls notwendige Schulungsmaßnahmen ein.

Mitverantwortung für die Auswahl der bestmöglichen Produkte

Zu Saisonbeginn wählt der Küchenleiter gemeinsam mit dem Restaurantleiter das aktuelle Warensortiment und bestimmt die Lieferanten. Dabei definiert er bestimmte Einkaufsspezifikationen (Qualität, Verpackungsmenge, Beschaffenheit).

Erstellung der Rezepte mit Zubereitungsweisen

Der Stelleninhaber rezeptiert alle auf der Standard- und Tageskarte angebotenen Speisen. Die Rezepturen dienen als Vorlage für den Produktionskoch und sorgen für eine gleichbleibende Qualität.
Die Verwaltung und Eingabe der Rezepte erfolgt durch den Restaurantleiter Stellvertreter.

Adaptierung der Dienstpläne (nach Absprache mit Restaurantleiter)
Die Küchenleitung übernimmt vom Restaurantleiter den Vorschlag für den Dienstplan der Küchenbrigade. Individuelle Anpassungen an Mitarbeiterwünsche bzgl. der freien Tage oder kurzfristige Änderungen gestaltet der Küchenleiter selbstständig.

Überwachung der Hygiene- und Lebensmittelrichtlinien
Der Stelleninhaber ist für die Einhaltung aller gesetzlichen Vorschriften bzgl. Hygiene- und Lebensmittelgesetzen verantwortlich.

Pflege und Instandhaltung sämtlicher Küchengeräte
Er zeichnet sich für die Pflege, sachgerechte Bedienung und Sauberkeit sämtlicher in der Küche verwendeten Geräte verantwortlich. Der Küchenleiter meldet alle Pannen und Wartungsbedürfnisse der Restaurantleitung.

Berücksichtigung des Zahlenreports bei der Menüplanung
Auf Basis regelmäßiger Zahlenreports (Warenwirtschaftsprogramm) steuert der Küchenleiter seine wareneinsatzorientierte Menüplanung.

Hauptverantwortung für die Gerichtauswahl und Kartengestaltung
Zu Saisonbeginn wählt der Küchenleiter die Gerichte für die Standardkarte. Besonderen Wert legt er dabei auf eine gute Mischung aus deckungsbeitragsstarken Produkten in Kombination mit Gerichten, die eine geringe Arbeitsintensivität benötigen. Ebenso wird auf die Beliebtheitsgraderwartung Rücksicht genommen.

Durchführung von Inventuren im Lebensmittellager
Jeweils zu festgelegten Stichtagen führt er gemeinsam mit seinen Mitarbeitern eine ordnungsgemäße Inventur durch.

Anforderungsprofil:

Fachlich:

- abgeschlossene Lehre als Koch oder gleichwertige/höhere Ausbildung
- Kenntnisse über das HACCP-Lebensmittelgesetz
- Erfahrung in der Führung von Mitarbeitern
- Erfahrung im Umgang mit Warenwirtschaftsprogrammen
- fundierte Kalkulationskenntnisse
- mindestens 8-jährige Praxis in leitender Position
- Kenntnisse über F&B-Management und Controlling

Persönlich:

- mindestens 28 Jahre
- männlich oder weiblich
- selbständige, autonome Arbeitsweise
- Sinn für Hygiene und Sauberkeit
- rasche Auffassungsgabe, geistige Beweglichkeit
- Grundlegende Ehrlichkeit und Offenheit
- guter Sinn für Humor, Liebe zum Beruf
- hohe Leistungsbereitschaft

Entlohnung:

?

Stellenbeschreibung: Restaurantleiter (Muster)

(evtl. auch f. Unternehmer)

Zielsetzung der Stelle:

Der Restaurantleiter soll alles Erforderliche veranlassen, um die gemeinsamen quantitativen und qualitativen Zielsetzungen zu erreichen. Für die Einhaltung der Qualitätsstandards zeichnet er sich ebenfalls verantwortlich mit dem Ziel, den Gästen eine optimale Dienstleistung zu erbringen.

Kompetenzen und Verantwortung:

- Loyalitäts-und Sorgfaltspflicht
- laufende Aktualisierung der Qualitätsstandards sowie der Stellenbeschreibungen und Regelkataloge
- Generalschlüssel mit Zugang zu allen Räumlichkeiten
- Einstellungs- und Kündigungsrecht
- Führung von Lohnverhandlungen
- Weisungsrecht in sämtlichen Betriebsabteilungen
- Aufnahme neuer Lieferanten und Preisverhandlungen
- Reklamationsmanagement nach eigenem Ermessen
- Verantwortlich für die Einhaltung der Umsatz- und Kostenbudgets
- Unterschriftsvollmacht
- Wechselgeldausgabe: Zugang zum Safe

Direkter Vorgesetzter:

Niemand

Nächst höherer Vorgesetzter:

Niemand

Unmittelbar unterstellte Mitarbeiter:

Restaurantleiter-Stellverteter

Wird in Abwesenheit vertreten durch:

Küchenchef / Restaurantleiter-Stellvertreter

Direkte Zusammenarbeit mit:
Serviceleitung
Küchenleitung
Restaurantleitung-Stellvertreter

Kernaufgaben:

- Führungsaufgaben
- Verkauf und Repräsentation des Betriebes nach Außen
- Preisverhandlungen mit Lieferanten
- Mitarbeiterbeurteilung
- Beschwerdemanagement
- Qualitätskontrolle
- Einsatz im operativen Tagesgeschäft in sämtlichen Abteilungen
- Führung und Auswertung von Statistiken und Reports
- Betreuung und Durchführung diverser Veranstaltungen
- Mitwirkung bei der Budgetplanung und mittelfristiger Strategieentwicklung

Hauptaufgaben:

Führungsaufgaben
Der Restaurantleiter ist für die Erreichung der qualitativen und quantitativen Ziele hauptverantwortlich und ordnet gegebenenfalls Maßnahmen ein, um diese zu realisieren. Unter Berücksichtigung des Budgetrahmens trifft er selbstständig Entscheidungen.
Er sorgt für die Einhaltung der Arbeitsdisziplin und die Einhaltung eines reibungslosen Arbeitsablaufs zwischen den einzelnen Mitarbeitern. Er überwacht, dass die Vorschriften und Regeln eingehalten und verstanden werden.

Verkauf u. Repräsentation des Betriebes nach außen
Neben der Abteilung Marketing steht der Restaurantleiter für jegliche Reservierungsanfragen seitens der Gäste zur Verfügung und erstellt Angebote. Ideen zur Verkaufsförderung und Potentiale zur Umsatzsteigerung werden mit dem Marketing zusammen ausgearbeitet.

Nach Möglichkeit begrüßt und verabschiedet der Restaurantleiter die Gäste. Die regelmäßig eingeholten Gästefeedbacks dienen ihm als Grundlage zu ständigen Qualitätsverbesserungen. Bei Abendveranstaltungen übernimmt er die Rolle des Gastgebers.

Qualitätskontrolle
Der Stelleninhaber überwacht die Arbeitsabläufe aller Mitarbeiter und greift bei allfälligen Abweichungen von den festgelegten Qualitätsstandards korrigierend ein.
Er legt Wert auf die attraktive Präsentation sämtlicher angebotenen Produkte und deren hygienisch einwandfreie Verarbeitung.

Wahrnehmung diverser Personalaufgaben
Der Restaurantleiter ist für die Beschaffung, Erhaltung und Entwicklung der Mitarbeiter sämtlicher Abteilungen verantwortlich.
Er plant den kurz- und mittelfristigen Personalbedarf; er beobachtet den Arbeitsmarkt und trifft auf Basis der in den Stellenbeschreibungen aufgelisteten Anforderungsprofile eine gründliche Mitarbeiterauswahl.
Er führt die Lohnverhandlungen und hält sich dabei an die festgelegten Grundsätze der Lohn/Gehaltspolitik des Betriebes.
Der Restaurantleiter kümmert sich um eine fortschrittliche und faire Personalpolitik und hilft mit, dass die Mitarbeiter sich betreut und gefördert fühlen.
Er ist für die Organisation des Empfangs und die Einführung eines neu eintretenden Mitarbeiters verantwortlich.
Er fördert aktiv die interne und externe Weiterbildung seiner Mitarbeiter.
Er unterhält gute Beziehungen zu allen Kontaktstellen (Ämter, Behörden).
Der Restaurantleiter sorgt für eine laufende Aktualisierung der Stellenbeschreibungen, geltenden Regeln und bestehenden Qualitätsstandards. Er ist für deren Kommunikation an alle Mitarbeiter verantwortlich.

Betreuung und Durchführung diverser Veranstaltungen
In Zusammenarbeit mit seinem Stellvertreter und unter Absprache mit der Küchenleitung koordiniert der Restaurantleiter sämtliche ablauforganisatorische Prozesse zur erfolgreichen Durchführung diverser Veranstaltungen (Angebotsgestaltung, Dekoration, Getränke und Speisen, Mitarbeitereinteilung, usw.).

Nebenaufgaben:

Preisverhandlungen mit Lieferanten
Der Stelleninhaber führt die Preisverhandlungen mit den Lieferanten und bezieht die Meinungen und Wünsche der Abteilungsleiter mit ein.

Mitarbeiterbeurteilung
Der Stelleninhaber beobachtet regelmäßig alle Mitarbeiter und vergleicht deren Leistungen mit den allgemein gültigen Qualitätsstandards im Betrieb.
Seine Eindrücke werden in der elektronisch geführten Mitarbeiterakte festgehalten und dienen als Grundlage für Mitarbeitergespräche und Leistungsbeurteilungen.
Jede Saison führt der Restaurantleiter mit jedem einzelnen Mitarbeiter Orientierungsgespräche, in denen die Stelleninhaber ein Feedback über ihre Leistungen erhalten. Diese Beurteilungen sollen die Motivation und Entwicklung der Mitarbeiter fördern und dienen gleichzeitig als Grundlage von Arbeitszeugnissen.

Beschwerdemanagement
Einlangende Beschwerden jeglicher Art seitens der Gäste und Mitarbeiter werden durch ein transparentes und problemlösungsorientiertes Beschwerdemanagement abgewickelt.

Einsatz im operativen Tagesgeschäft
Bei akuten Engpässen während der Stoßzeiten unterstützt der Stelleninhaber sämtliche Abteilungen durch aktive Mitarbeit.

Führung und Auswertung von Statistiken und Reports
Einlangende Reports werden gesichtet und verwaltet. Die gewonnenen Informationen dienen statistischen, planerischen und strategischen Zwecken.
Die daraus resultierenden Erfahrungswerte unterstützen künftige Entscheidungen.

Mitwirkung bei der Budgetplanung und mittelfristiger Strategieentwicklung
Einmal jährlich ist eine detaillierte Budgetplanung für das kommende Jahr zu erstellen. Qualitative sowie quantitative Ziele werden ebenfalls jeweils im Vorjahr festgelegt und schriftlich an die Mitarbeiter kommuniziert.

Anforderungsprofil:

Fachlich:
- Absolvent einer touristischen Schule mit Matura bzw. abgeschlossene Lehre mit dementsprechender Weiterbildung
- Kenntnisse über das HACCP-Lebensmittelgesetz
- Erfahrung in der Führung von Mitarbeitern
- Erfahrung im Umgang mit Warenwirtschaftsprogrammen
- fundierte Kalkulationskenntnisse
- mindestens 8-jährige Praxis in leitender Position
- Kenntnisse über F&B-Management und Controlling

Persönlich:
- mindestens 28 Jahre
- männlich oder weiblich
- selbstständige, autonome Arbeitsweise
- Sinn für Hygiene und Sauberkeit
- rasche Auffassungsgabe, geistige Beweglichkeit
- grundlegende Ehrlichkeit und Offenheit
- guter Sinn für Humor, Liebe zum Beruf
- hohe Leistungsbereitschaft

Entlohnung:
?

Benötigen Sie weitere Stellenbeschreibungen?
Senden Sie mir eine Email!

Spielregeln bzw. Vorschlag für einen Regelkatalog:

Öffnungszeiten der Restaurants:
Je nach Betriebsart variabel.

Arbeitszeitaufzeichnungen:
Jeder Arbeitnehmer ist verpflichtet, bei Arbeitsbeginn bzw. -ende seine Stundenleistungen mittels Stempeluhr bzw. Stundenheft zu bestätigen. Diese sind wöchentlich vom jeweiligen Abteilungsleiter zu unterzeichnen.

Überstunden:
Aufgrund der Öffnungszeiten, welche sich grundsätzlich auf den Tag beschränken, fallen keine oder wenig Überstunden an (siehe Arbeitsvertrag). Durch Stoßzeiten, dem kurzfristigen Ausfall von Mitarbeitern bzw. bei Durchführung von Abendveranstaltungen kann der Fall eintreten, dass Überstunden anfallen.
Wir behalten uns vor, diese Überstunden nach Möglichkeit während der Saison abzubauen. Eine Auszahlung von Stunden, welche über die Vereinbarung lt. Arbeitsvertrag hinaus gehen, erfolgt nur zu Saisonende im Verhältnis 1:1.

Freigetränke:
Mineralwasser, Verdünnungssaft und Kaffee stehen jederzeit in beliebiger Menge für unsere Mitarbeiter bereit. Über diese Artikel hinaus konsumierte Getränke bzw. Getränke aus der Schank sind im Regelfall zu bonieren und zu bezahlen (siehe Mitarbeiterpreisliste und PLU-Nummer).

Mitarbeiterverpflegung:
Jeweils zu Mittag erfolgt die Ausgabe eines Mitarbeitermenüs (gratis). Über dieses Menü hinaus konsumierte Speisen sind...

Um eine einwandfreie Übersicht zu den Mitarbeiterkonsumationen zu gewährleisten ist jedes Mitarbeiteressen von den Servicemitarbeitern zu bonieren. Auch wenn die Konsumation gratis ist. Um ein funktionierendes innerbetriebliches Controlling zu gewährleisten ist diese Maßnahme sehr wichtig.

Unterkunft:
Für einige Mitarbeiter besteht auf Wunsch die Möglichkeit in unserem Betrieb untergebracht zu werden (Preis bzw. Kaution?).

Arbeitskleidung:
?, Kaution?

Namensschilder:
Jeder Mitarbeiter ist verpflichtet ausnahmslos ein Namensschild zu tragen.

Krankenstände:
Sind unverzüglich (spätestens jedoch bis 7.00 Uhr morgens des Krankenstandtages) dem Restaurantleiter bzw. einer anderen erreichbaren Ansprechperson telefonisch mitzuteilen.
Krankmeldungen müssen innerhalb von 24 Stunden beim Arbeitgeber eintreffen.

Rauchen:
Im gesamten Gästebereich ist das Rauchen für sämtliche Mitarbeiter strengstens verboten. Wer von dem Laster dennoch nicht lassen kann - im Personalraum steht für Raucher ein eigener Tisch zur Verfügung. Wir bitten alle Mitarbeiter sich an diese Regelung zu halten. Verschmutzungen und volle Aschenbecher sind von den Rauchern umgehend zu entsorgen.

Trinken:
Es ist für uns selbstverständlich, dass für sämtliche Mitarbeiter während der gesamten Arbeitszeit ein strikter Verzicht auf Alkohol gilt. Ausnahmen bestätigen die Regel. Diese werden jedoch von der Restaurantleitung bestimmt bzw. erlaubt.

Gestaltung der Freizeit:
Unsere Mitarbeiter haben die Möglichkeit mit einer von uns gestellten Saisonkarte in den Schigebieten xy Schi zu fahren.

Hygiene am Arbeitsplatz:
In bestimmten Fällen ist es aus hygienischen Gründen ratsam Gummihandschuhe zu verwenden (z.B. Vorbereitungsarbeiten im Küchenbereich)

Pausenregelungen:
In den meisten Fällen ist es möglich jeweils gegen 10.30 Uhr eine ½-stündige Mittagspause inkl. Essen einzulegen.
Jedem Mitarbeiter gebührt auch am Nachmittag eine ¼-stündige Ruhepause (inkl. Pausenkaffee oder Snack). In einzelnen Positionen ist eine Pause zu dieser Zeit nicht möglich. Diese bestimmen ihre Pausen individuell (z.B. Küche - statt Pause - Arbeitsbesprechung für den nächsten Tag - kein Pausenabzug!)
Pausenabzug: täglich ½ Stunde

Der Umgang untereinander:
Wir legen großen Wert auf eine gute Zusammenarbeit sämtlicher Abteilungen. Dazu gehört auch ein entsprechender Umgangston untereinander. Sein Gegenüber mit Respekt und Würde zu behandeln gehört zu unseren Prinzipien. Eine offene und ehrliche Gesprächskultur bildet die Grundlage für einen reibungslosen Ablauf und Freude an der Arbeit.

Arbeitsverträge (siehe Muster):
Für sämtliche Mitarbeiter haben wir standardisierte Arbeitsverträge aufliegen. Jeweils vor Saisonbeginn, spätestens jedoch 1 Woche vor Saisonstart sind diese Verträge zu unterzeichnen und an die Geschäftsführung zu senden bzw. abzugeben. Wir bitten Sie die Arbeitsverträge gründlich zu studieren. Sämtliche Verträge sind auf ihre gesetzliche Gültigkeit geprüft und unterschreiten in keinem Fall die kollektivvertraglichen Mindestanforderungen.

Mein Aufgabengebiet (siehe Stellen- u. Tätigkeitsbeschreibungen):
Damit Sie exakt wissen, welche Rolle Sie in unserem Unternehmer spielen, haben wir für sämtliche Positionen individuelle Stellen- und Tätigkeitsbeschreibungen erstellt. Zusätzlich zum Arbeitsvertrag bitten wir neue Mitarbeiter diese Stellenbeschreibungen genau zu studieren und unterschrieben, gemeinsam mit dem Arbeitsvertrag an uns zu retournieren.

Leistungsbeurteilung und Feedbackgespräche:
Die von uns erstellen Stellenbeschreibungen bilden die Grundlage für eine regelmäßig durchgeführte Leistungsbeurteilung unserer Mitarbeiter. Damit Sie wissen wie wir Ihre Arbeit schätzen bzw. wo es evtl. Verbesserungsbedarf gibt, wird die Geschäftsleitung Sie während der Saison zu einem oder mehreren 4-Augen-Gesprächen bitten. Dort können auftretende Probleme besprochen oder Vorschläge eingebracht werden.

Wenn es mal nicht so gut läuft:
Wo gehobelt wird, da fallen Späne. Uns ist bewusst, dass da wo Menschen arbeiten auch Fehler passieren. Das ist verständlich und wird in gewissem Ausmaß auch toleriert. Nicht akzeptieren können wir jedoch bewusste Verstöße gegen unsere Spielregeln (z.B. Nichteinhaltung der Kleidungsvorschriften, fehlende Namensschilder, Verspätungen...)

Gründe für eine fristlose Kündigung:

- Diebstahl
- Fernbleiben vom Arbeitsplatz ohne Entschuldigung
- Verspätetes Abgeben von Krankmeldungen
- Mobbing von Kollegen
- Rufschädigung des Betriebes (auch außerhalb der Betriebsräume)
- Mehrmaliger Verstoß gegen die in diesem Handbuch festgehaltenen Spielregeln

Dienstpläne und freie Tage:
Im Regelfall erstellt der Abteilungsleiter wöchentlich die Dienstpläne im Voraus. Nach Möglichkeit können individuelle Wünsche unserer Mitarbeiter berücksichtigt werden. Wir bitten um Verständnis, wenn es uns prinzipiell an den Wochenenden nicht möglich ist, Ihre freien Tage zu planen. In einzelnen Abteilungen können die freien Tage auch individuell unter den Mitarbeitern abgesprochen werden.

Lohnauszahlungen:
Die Auszahlungen der Mitarbeiterlöhne erfolgt jeweils am ... des Folgemonats auf das im Arbeitsvertrag angegebene Konto.

Mitarbeiterraum:
Die Sauberkeit im Mitarbeiterraum ist uns ein großes Anliegen. Für Grundordnung (ausleeren der Aschenbecher, Tische abwischen etc.) sorgt jeweils der Letzte der den Raum verlässt.

Einführung neuer Mitarbeiter:
Um neuen Mitarbeitern den Einstieg zu erleichtern wird jeweils ein „Stamm-Mitarbeiter", welcher im Voraus von der Geschäftsführung bestimmt wird, mit der Betreuung des neuen Mitarbeiters betraut. Seine Aufgabe ist es, diesen während der ersten 2 Wochen aktiv zu unterstützen und evtl. auftretende Fragen zu klären.

Weiters begeht der Restaurantleiter oder dessen Stellvertreter mit dem neuen Mitarbeiter dessen Arbeitsplatz. Mit Hilfe der Stellenbeschreibungen kann sich der neue Mitarbeiter sofort ein Bild von seinem neuen Arbeitsplatz machen.

Hygiene und Sauberkeit:
Die persönliche Hygiene eines jeden Mitarbeiters sollte im Wesentlichen bestehen aus:

- sauberer Arbeitskleidung (Service- bzw. Kochkleidung)
- gebügelten Hemden und Blusen
- kurz geschnittenen Fingernägeln
- einem Deodorant (für den Notfall)
- Reservekleidung zum Wechseln vor Ort
- nicht zu starkem Make-up bei den Damen
- bequemem Schuhwerk

Alle Mitarbeiter sind aufgefordert für ein perfektes Bild im Gästebereich aber auch hinter den Kulissen im unmittelbaren Arbeitsumfeld zu sorgen. Es ist eine Grundeinstellung ob wir uns im Vorbeigehen bücken um ein Papier aufzusammeln und es schnell im Mülleimer zu entsorgen. Wir stellen diese Erwartungen an jeden unserer Mitarbeiter.

Lagerzutritt:
Der Zutritt zum Lager im Keller ist im Regelfall nur folgenden Personen gestattet:

- Küchenchef
- Hausmeister/Lagerist
- Restaurantleiter
- Restaurantleiter-Stellvertreter

Entnahmen aus dem Lager sind per Vordruck an den Hausmeister weiterzugeben. Im Grunde genommen gilt: „Keine Lagerentnahme ohne Beleg!“ Diese Regelung dient primär einer exakten Erfassung der Lagerzugänge oder –abgänge und soll Missverständnissen bei der Nachbestellung von Waren vorbeugen.

Müllentsorgung und Leergut:
Jeder Mitarbeiter hat vorausschauend auf die Trennung des Mülls zu achten. Auch das Leergut wird vorsortiert und dann an der entsprechenden Stelle ordnungsgemäß entsorgt.
Dies gilt vor allem in den Bereichen:

- Geschirrrückgabe
- Office
- Leergutstation

Ich habe diese Spielregeln gelesen und bin bereit mich an diese zu halten.

Vorschläge für Qualitätsstandards in einem Restaurantbetrieb:

Fürs Management:

Mitarbeiterbeurteilung und motivierende Leistungsanerkennung
Unsere Teammitglieder wollen wissen, wie ihre persönliche Leistung bzw. die Leistung ihrer Abteilung ist. Positive Ergebnisse werden mit großem Interesse entgegengenommen und führen zu persönlichem Stolz.
Unsere qualitativen und quantitativen Zielvorgaben verbessern die Motivation und führen dazu, dass sich Gruppen und Individuen in ihrer Arbeit auf die Bereiche konzentrieren, in denen Leistungsqualitäten gemessen werden, und sie im Anschluss eine Rückmeldung über die Ergebnisse erhalten.
Aus Sicht des Gastes klar definierbare Teilprozesse werden in ihrem Einfluss auf die Kundenzufriedenheit separat gemessen (Gästefragebögen). Die Auswertungen werden mit den jeweiligen Leistungsstandards der einzelnen Abteilung verglichen und in einen regelmäßigen Feedback-Mechanismus eingegliedert.
Auch Arbeiten im Leistungsprozess welche nicht unmittelbar den Gast betreffen (z.B. Mise en place, Teamfähigkeit, Pünktlichkeit) werden regelmäßig vom Management beurteilt und in entsprechendem Rahmen an unsere Mitarbeiter kommuniziert.
Als Basis für eine objektive Beurteilung der Mitarbeiterleistungen dienen die detailliert ausgearbeiteten Stellenbeschreibungen sowie die gültigen Qualitätsstandards.

Kapazitätsplanung - Produktionsplanung:
Zwar kann heute eine modern arbeitende Küche versuchen mit geschickter Resteverwertung den Verlust bei Überproduktion zu vermindern, aber vernünftige Produktionsplanung lässt nur geringfügige Überproduktion aufkommen, um Resteverwertung zur Notlösung werden zu lassen.

Aufgrund von Buchungen, Erfahrungswerten, Berücksichtigung einzelner Wochentage, Monate, Beachtung der Veranstaltungen am Standort und in der Umgebung sowie die Schnee- und Wetterverhältnisse bzw. die Urlaubsplanung der Gäste sollte es möglich sein, zu 90-95 % genau die zu erwartende Anzahl von Gästen je Tag schon für die kommenden Tage und Wochen vorherzubestimmen.
Die Prognose der täglich zu erwartenden Gäste dient als Grundlage für die Produktions- und Einkaufsplanung.

Folgende Einflussgrößen sind dabei zu beachten:

- vorhandene Reservierungen
- Anzahl der Gäste im letzen Jahr zur gleichen Zeit (lt. tägl. Report)
- durchschnittliche Belegung pro Sitzplatz
- durchschnittliche Aufenthaltsdauer der Gäste
- Anzahl der Gäste in den letzten Tagen
- Berücksichtigung der Wochenfeiertage
- Sonderveranstaltungen
- Berücksichtigung der unterschiedlichen Monatsauslastung (Ferienmonate)
- Auswirkung der zu erwartenden Wetterlage
- erwartete Wirkung kurzfristiger Verkaufsförderung, Werbeaktionen
- allgemeine Wirtschaftslage, politisches Klima

Standards beim Einkauf:
Der gesamte Einkauf für unseren Betrieb liegt zentral in einer Hand (ein Hauptverantwortlicher). Produktionsfunktionen sind nicht mit Beschaffungsfunktionen kombiniert.
Für den gezielten Einkauf heißt es nun, die erforderliche Quantität zu bestimmen. Es werden nur einige Frischartikel täglich eingekauft und im Übrigen für den Einkauf ein wöchentlicher oder sogar vierzehntägiger Produktionsplan erstellt. (Verantwortungsbereich: Getränkebestellung - Gastronomieleiter, Gastronomieleiter-Stellv., bei Lebensmittelbestellungen - Gastronomieleitung)

Qualifizierter Einkauf:
Die Leistungsfähigkeit und die Qualitätsgarantie für den Gast hängt zum überwiegenden Teil vom fachkundigen und sorgfältigen Einkauf, der genauen Überwachung und Kontrolle, der besten Behandlung, Lagerung und Verarbeitung der Waren ab.

Unterscheidung bei der Artikelauswahl:

- täglich zu beschaffende Artikel (Frischgemüse, Fleisch...)
- monatlich zu beschaffende Artikel (z.B. Konserven...)
- Artikel die für einen längeren Zeitraum bestellt werden (z.B. Reinigungsmaterial)

Einkaufsspezifikationen:
Festlegung von bestimmten Einkaufsspezifikationen für jeden einzelnen Artikel (Standard-Einkaufsrichtlinien). In welcher Qualität, Größe, Anzahl, Mengeneinheit je Verpackung etc. wird eingekauft?

Neuaufnahme von Artikeln:
Werden neue Artikel ins Sortiment aufgenommen, erfolgt vor dem Einkauf eine Verkostung bzw. Begutachtung.

Tägliche Ermittlung des Frischwarenbedarfs:
Durch gezielte Produktionsplanung - Ermittlung des täglichen Frischwareneinkaufs

Definition der Lieferanten und Artikel:
Exakte Definition der Artikel und Lieferanten (Warenwirtschaftprogramm). Befristete Sonderangebote werden zusammen mit dem Küchenleiter bewertet und ausgeschöpft.

Warenannahme:
Die Warenannahme erfolgt durch den Gastronomieleiter persönlich. Er überprüft täglich die Übereinstimmung der einlangenden Ware mit den festgelegten Einkaufsrichtlinien sowie den Angaben auf Lieferschein oder Rechnung.

Die Ware wird auf

- Qualität sowie
- Quantität überprüft.

In weiterer Folge wird die Ware vom Hausmeister in den entsprechenden Lagern an einem fix vorgesehenen Platz (Etiketten) verräumt (FIFO-Prinzip = first in first out.) Der Küchenleiter überprüft täglich bei der Warenentnahme stichprobenweise die ordnungsgemäße Lagerhaltung (FIFO-Prinzip).
(Zuständigkeit: Hausmeister, Restaurantleiter, Restaurantleiter Stellv., Küchenleiter)

Ständige Preisvergleiche mit anderen Lieferanten werden vom „Einkäufer" gemacht. (Zuständigkeit: Gastronomieleitung)
Aus der Lagerkartei ist der Soll-Bestand der einzelnen Artikel jederzeit ersichtlich. Voraussetzung dafür ist der korrekte und regelmäßige Einsatz des Warenwirtschaftsprogrammes. Stichprobenweise wird der Soll-Lagerbestand vom Gastronomieleiter überprüft.

Jeder Artikel, der nach Gewicht bezahlt wird, wird bei der Warenannahme gewogen (Vergleich mit Lieferschein oder Rechnung!).
(Zuständigkeit: Hausmeister, Gastronomieleitung, Gastronomieleitung-Stellv.)

Routinemäßige Überprüfungen der Lagertemperaturen, Lagerzeiten, Lagerumlaufgeschwindigkeit, Ventilation etc. sorgen für einen geringen Schwund. Diese Informationen werden im Rahmen eines regelmäßigen Reports an die Geschäftsleitung weitergegeben.
(Zuständigkeit: Hausmeister)
Ein Produkt darf nur dann eingekauft werden, wenn es auch Chancen hat, mit Gewinn verkauft zu werden.
(Zuständigkeit: Küchenleiter, Gastronomieleiter)

Neue Artikel für die Standardkarte sind zunächst auf der Tageskarte zu testen. (Zuständigkeit: Küchenleiter)

Schulung und Personalentwicklung
Alle Mitarbeiter sind über die Kernprodukte genau informiert, d.h., sie wissen über die Speise- und Getränkekarte detailliert Bescheid. Nur wenn das Servicepersonal die Gerichte auch aus eigener Erfahrung kennt, kann es seine Gäste kompetent beraten und auf deren individuelle Wünsche eingehen.

Hierfür finden vor Saisonbeginn eigene Schulungen statt.

Neue Mitarbeiter müssen bei Antritt ihrer Stelle innerhalb von kürzester Zeit viel lernen. Dies setzt ein umfassendes betriebliches Einführungs- und Coaching-Programm voraus, das den „Neuling“ im Team willkommen heißt, über die Verhältnisse im Unternehmen informiert, Standards und Erwartungen vermittelt sowie die dazu notwendigen technischen Fähigkeiten und Verhaltensweisen ausbildet und so eine reibungslose Entwicklung vom „Trainee“ zum erfolgreichen „Professional“ ermöglicht.

Neue Teammitglieder müssen vor allem wissen, was von ihnen konkret erwartet wird und wie sie sich zu verhalten haben. Die Ernennung von Paten innerhalb der Belegschaft, die sich der neuen Mitarbeiter annehmen, sie weiter ausbilden und in das bestehende Team einbinden, sorgt in unserem Betrieb für eine schnellere Integration.
Dabei sind die für bestimmte Tätigkeiten klar definierten Qualitätsstandards eine wichtige Hilfe.
Die berufliche Ausbildung und der Nachweis gastronomiespezifischer fachlicher Fähigkeiten verlieren bei der Selektion unserer künftigen Mitarbeiter an Gewicht. Aufgrund der Ausbildung allein kann nicht beurteilt werden, ob ein Kandidat für eine Stelle geeignet ist oder nicht. Sture Fachlichkeit ist überholt, vielmehr legen wir Wert auf soziale Kompetenzen wie Teamfähigkeit und Selbstmotivation.

Zeitstandards:

A) Management:

Einlangende Anfragen für diverse Veranstaltungen:
Die Angebotserstellung für den Kunden erfolgt schriftliche innerhalb von 48 Stunden
(Zuständigkeit: Marketingleitung, Gastronomieleitung)

Reservierungen von diversen Veranstaltungen:
Werden mittels Intranet am selben Tage der Reservierung an die Restaurantleitung bzw. deren Vertretung weitergeleitet.
(Zuständigkeit: Marketingleitung)

Wochenvorschau:
Eine Wochenvorschau über die anstehenden Veranstaltungen erfolgt jeweils an einem fix festgelegten Wochentag für mindestens 1 Woche im Voraus (Informationstafel für Mitarbeiter).
(Zuständigkeit: Gastronomieleitung, Gastronomieleitung Stellvertretung)

Warenentnahmen aus sämtlichen Lagern:
Warenentnahmen werden mittels Warenentnahmescheinen täglich schriftlich erfasst. Die Entnahmen werden 1-mal täglich in das Lagerwirtschaftsprogramm eingegeben.
(Berechtigung zu Entnahmen aus den Warenlagern: Restaurantleitung, Restaurantleiter-Stellv., Küchenleitung, Hausmeister)

Inventur:
Eine detaillierte Inventur wird jeweils an einem festgelegten Stichtag ein Mal pro Monat durchgeführt. Hierbei sind bestimmte Personen jeweils mit einzelnen Teilinventuren beauftragt.
(Zuständigkeit: Küchenleiter, Gastronomieleitung, Gastronomieleitung-Stellv. und beauftragter Abteilungsleiter)

Einführung neuer Mitarbeiter:
1 Woche vor Dienstbeginn ist jeder künftige Mitarbeiter über das Unternehmen, sein spezielles Aufgabengebiet und die Qualitäts- und Leistungsstandards informiert. Der Arbeitsvertrag ist ebenfalls durchgesprochen und unterschrieben.
(Zuständigkeit: Gastronomieleiter)

Mitarbeiterfeedback:
Spätestens 2 Wochen nach Arbeitsbeginn führt die Restaurantleitung ein Einzelgespräch mit neuen Mitarbeitern.
(Zuständigkeit: Gastronomieleitung)

Hygienekontrollen:
Täglich führt die Restaurantleitung bzw. dessen Stellvertretung die routinemäßigen Hygienekontrollen durch.
(Zuständigkeit: Gastronomieleitung, Gastronomieleitung-Stellvertretung)

Qualitätskontrollen:
Täglich führt die Restaurantleitung bzw. dessen Stellvertretung die routinemäßigen Qualitätskontrollen durch.
(Zuständigkeit: Gastronomieleitung, Gastronomieleitung-Stellvertretung)

Tagesreports:
Die Restaurantleitung erstellt auf Basis einiger Nebenreports diverser Abteilungsleiter sowie der aktuellen Umsatz- und Verkaufsartikelstatistik einen täglichen Gesamtreport (Spartenumsätze, Outlet-Umsätze, Einkäufe, Reklamationen, Wetter, Gästeanzahl, verkaufte Portionen...).
(Zuständigkeit: Gastronomieleitung bzw. Gastronomieleitung-Stellv.)

Mitarbeitermeetings:
Mitarbeitermeetings bzw. Abteilungsmeetings werden nach eigenem Ermessen der Restaurantleitung durchgeführt.
(Zuständigkeit: Gastronomieleitung, Gastronomieleitung-Stellvertretung)

Einzelgespräche-Mitarbeiter:
Pro Saison führt der Restaurantleiter mindestens 1 Einzelgespräch pro Mitarbeiter durch.
(Zuständigkeit: Gastronomieleitung)

Sie benötigen Hilfe bei der Erstellung Ihrer individuellen Betriebsstandards? Senden Sie mir eine Email.

Literaturverzeichnis

Schätzing, E. (2000): Motivation zu Spitzenleistungen – 150 Ideen aus der Praxis

Sprenger R. K: (2002) Mythos Motivation – Wege aus einer Sackgasse, 17. Auflage 2002

Flad P. O. (2002) Dienstleistungsmanagement in Gastronomie und Foodservice-Industrie, Frankfurt am Main, Deutscher Fachverlag 2002

Kobjoll K. (1993) Motivation – Begeisterung ist übertragbar, Orell Füssli Verlag Zürich 1993

Schegk Irene (1995) Menschenkenntnis – Andere richtig einschätzen – besser führen, Buch und Zeit Verlagsgesellschaft mbH – Köln, 1995

Winterhof M. (2010) Warum unsere Kinder Tyrannen werden – Oder: Die Abschaffung der Kindheit, Gütersloher Verlagshaus 2010

Huber H. (2004) STAHR – Standards der Abrechnung für Hotels und Restaurants, Trauner Druck, Linz 2004

Jürgen Schneider

Geboren 1970 in Bludenz. Nach der Hotelfachschule zog es ihn in die verschiedensten Abteilungen von Hotelbetrieben. Sein Ziel war es immer, eine Führungsposition in dieser Branche zu erreichen.

Mit 26 Jahren übernahm er die Direktion eines neu eröffneten ****Hotels und leitete das Hotel bis 1999. Permanente Weiterbildung im touristischen Bereich nutzte er als Chance sein Wissen in den Bereichen Marketing, Controlling sowie Kosten- u. Ertragskalkulation zu perfektionieren.

Im Jahr 2000 gründete er eine Mitarbeitervermittlungs- bzw. -schulungsfirma und absolvierte parallel dazu die Ausbildung zum Diplompädagogen.